ARMIN J. HUSEMANN

DAS WORT BAUT

16. Juni 1914

Armin J. Husemann

Das Wort baut

Die Goetheanumformen als sichtbare Sprache

Zwölf Essays

Verlag Freies Geistesleben

Herausgegeben von der Eugen Kolisko Akademie e.V.

Für die finanzielle Unterstützung, die das Erscheinen dieses Buches ermöglicht hat, dankt die Eugen Kolisko Akademie e.V. dem Förderverein Eugen-Kolisko-Akademie e.V., der Software-AG-Stiftung, der Mahle-Stiftung, der Christophorus-Stiftung, der Hauschka Stiftung sowie der Stiftung Helixor. Die Drucklegung wurde gefördert von der Friedrich Hiebel-Stiftung.

Meiner Mutter
in Dankbarkeit gewidmet

2. Auflage 2022 (Neuausgabe)

Verlag Freies Geistesleben
Landhausstraße 82, 70190 Stuttgart
www.geistesleben.com

ISBN 978-3-7725-0065-7

Umschlagmotiv: Süd-West Saal, Orgelempore
und Westeingang des Ersten Goetheanum © dokumentation.goetheanum.ch
Frontispiz: Rudolf Steiner am Modell des ersten Goetheanum, Westfront.
F 14/22,23 © dokumentation.goetheanum.ch
Druck: Friedrich Pustet GmbH & Co. KG, Regensburg
Printed in Germany

Inhalt

Vorwort zur zweiten Auflage

Dass diese Studien, um ein Vielfaches vermehrt, jetzt in zweiter Auflage erscheinen, ist durch die gegenwärtige Weltlage veranlasst. Der Kampf gegen eine Kultur des freien Menschen ist in eine neue Phase getreten. In der anthroposophischen Bewegung, die in diesem Kampf mittendrin steht, können wir uns fragen: Wodurch wurde Anthroposophie in den vergangenen 140 Jahren zu einem Kulturfaktor in der ganzen Welt? Woher kam ihre Durchsetzungskraft gegen die vielfältigen Widerstände und Anfeindungen, die ihr von Anfang an entgegentraten?

Zunächst trat sie mit Werken über Goethe, Nietzsche und in der *Philosophie der Freiheit* ans Licht. Der Dialog Rudolf Steiners mit den Kulturträgern seiner Zeit in Aufsätzen und Büchern füllt mehrere Bände der Gesamtausgabe seiner Werke. Indem Anthroposophie ab 1900 mit seiner «Geisteswissenschaft» auftrat, verwandelte diese sich bald intern und ab 1907 öffentlich, in Kunst. Eine «ästhetische Erziehung» der «Geistesschüler» begann. Anthroposophie verkörperte sich nicht nur aus individueller Initiative wissenschaftlich, sondern lebte jetzt auch in Atmung und Herz einer durch verschiedene Künste sich zusammenfindenden Gesellschaft: in den Mysterien-Dramen, in der Eurythmie, in dem Gesamtkunstwerk des Goetheanum-Baues. Noch während seiner Bauzeit trat im Ersten Weltkrieg der gelebte Materialismus in seinen Folgen physisch in Erscheinung.

Das soziale Chaos in der Zeit danach war jener Augenblick, auf den Rudolf Steiner seine Schüler vorbereiten wollte: Eine neue Form des Zusammenlebens als Gesellschaft musste jetzt gefunden werden, die eine Kultur des freien Menschen ermöglicht. Taten waren gefordert und Können. Diese Könnerschaft der anthroposophischen Bewegung, sich in die Zivilisation einzugliedern, war nur durch schöpferische Kreativität zu erreichen: «Erziehungskunst» statt «Pädagogik», «Heilkunst» statt «Medizin». *Die geisteswissenschaftlich begründeten Kulturimpulse wurden also sozial wirksam durch den Goetheanismus, durch die Synthese von*

Wissenschaft und Kunst. Diese Vereinigung von wissenschaftlicher Intelligenz und Kunst, hervorgebracht von freien Persönlichkeiten, steht heute gegenüber einer industriell gefertigten «künstlichen Intelligenz», die sozial zunehmend einen neuen Kollektivismus hervorbringt.[1] So stand die anthroposophische Bewegung von Anfang an im Widerspruch zu der an den staatlich verwalteten Universitäten herrschenden Denkweise. Der in ihnen herrschende materialistische Reduktionismus verweigert konsequent, die sozialen Folgen seiner Denkweise ins Auge zu fassen, geschweige denn die Verantwortung für diese zu übernehmen. Sind etwa die beiden Weltkriege ohne akademische Eliten dieser Universitäten zu denken? Hier liegen auch die Wurzeln der Gegnerschaft gegen die anthroposophische Bewegung, die in der NS-Zeit bekanntlich wegen ihrer Ausrichtung auf das freie Individuum verboten wurde.

Damit steht vor uns, wie Anthroposophie sich in die Kultur der Gegenwart inkarniert hat:

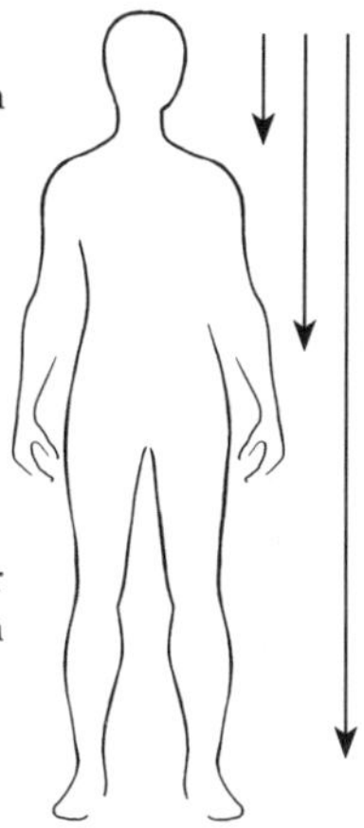

dolf Steiner als Autor	Oberer Mensch	1882–1900	Wissenschaft
dolf Steiner als Lehrer er esoterisch streben- Gemeinschaft	Mitte	1900–1918	Wissenschaft und Kunst
dolf Steiner als Er- erer der Zivilisation seinen Mitarbeitern ler Freien Hochschule Geisteswissenschaft	Unterer Mensch	1918–1925	Wissenschaft Kunst Religion und soziale Erneuerung der Berufe

1928: Einweihung des 2. Goetheanum

1 Michael Esfeld: *Coronanotstand: Der Missbrauch von Wissenschaft*, in: *Das Goetheanum* Nr. 23/2020.
Ders.: *Impfpass: Ein Weg in die Freiheit oder in die geschlossene Gesellschaft*, in: *Das Goetheanum* Nr. 18/2020.
Ders.: *Technokratisches gegen humanistisches Menschenbild*, in: *Das Goetheanum* Nr. 38/2021.
Ders.: *Die Rückkehr des Kollektivismus*, in: *Das Goetheanum* Nr. 43/2021.

Durch Bauformen Begeisterung wecken für gemeinsame Taten – das wollte Rudolf Steiner durch seine Goetheanum-Kunst. Wenn diese Kraftquellen im Plastischen, im Malerischen, in der Eurhythmie, in der Sprache und Bühnenkunst nicht in Anspruch genommen werden, verliert Anthroposophie Wärme und Kraft; sie verdünnt sich im Intellekt. Die Weltlage der Gegenwart verlangt aber Taten.

Was wäre «das Goetheanum» als Zentrale einer Weltgesellschaft, wenn nicht auf dem Hügel von Dornach der Bau stünde, den von außen die Hände Rudolf Steiners geformt haben? Ahnt man, wie diese Formen im Willen der Menschen wirken, die dort als Besucher, als Mitwirkende, als Verantwortliche tätig sind? Das künstlerische Gefühl wird erregt von Elementarwesen, die in der Gestaltung dieser Formen leben:

Sie drücken bedächtig
Als tätige Schöpfer
Die bildsamen Stoffe,
Sie schärfen die Kanten
und glätten die Flächen
Dass sinnvoll sich bauen
Die ragenden Formen;
Dass ragende Formen
Begeistern den Willen
Zu sinnvollem Bauen
Als tätige Schöpfer.

(Luna im 2. Bild des Dramas
Der Seelen Erwachen von Rudolf Steiner)

Den Goetheanum-Bau als Kunstwerk wahrnehmen und verstehen, heißt, sich in die Kräfte einleben, die Anthroposophie in der Zivilisation der Gegenwart verwirklichen. Wer im intellektuellen Diskurs verbleiben will, dem muss es rätselhaft bleiben, weshalb Rudolf Steiner bis in die letzten Lebenswochen um die Realisierung des zweiten Goetheanum und um die Fertigstellung seiner Holzskulptur der Christus-Darstellung rang.

Am 5. März 1925 schrieb er an Marie Steiner:
«Mein Zustand geht nur langsam vorwärts. Ich muss bald arbeitsfähig sein, denn was es nach allem, das sich abgespielt hat wäre, wenn durch meine Krankheit der Bau unterbrochen werden müsste, ist gar nicht zu ermessen.»[2]

Rudolf Steiner hat dezidiert und mehrfach Aufmerksamkeit erhoffend angekündigt, dass seine und seiner engsten Mitarbeiter Wiederverkörperung um die Jahrtausend-Wende zu erwarten ist.[3] Wodurch finden aber diese Menschen in ihrer gegenwärtigen Verkörperung die anthroposophische Bewegung? Dadurch, dass wir uns die Willens-Impulse zu eigen machen, die sie im vorigen Leben liegen lassen mussten, die sie über die Todesschwelle in dies geistige Welt mitnehmen mussten. Ohne Rudolf Steiners physisches Mitwirken wird Anthroposophie als öffentlich tätige Kulturbewegung in dieser neuen Phase des Kampfes gegen den freien Menschen nicht bestehen können. Entweder wir ergreifen die Hand Rudolf Steiners oder die Menschheits-Zukunft steht in Frage. Diese Hand ist in den Formen zu ergreifen, die sie im Goetheanum gestaltet hat. Dass der zweite Bau bis heute noch nicht vollendet ist, das ist seine Zukunft.

Für die Durchsicht des ersten Essays danke ich herzlich Hella Wiesberger (1920–2014). Sie stimmte dieser Darstellung zu und ich fand später, dass sie in knapper Form in ihrer Einleitung als Herausgeberin der *Wahrspruchworte* Rudolf Steiners[4] dieselbe Ansicht vertreten hat. Mein Bruder Friedwart Husemann (1945–2022) hatte mich seinerzeit – 2007 – zu dem Vortrag, der im ersten Essay verschriftlicht ist, eingeladen. Dies war im Rahmen der Feierlichkeiten, die er im Kollegium des Arbeitszentrum München zur hundertjährigen Wiederkehr des Münchener Kongresses initiiert hatte. Roland Halfen danke ich herzlich für die wohlwollend-

2 Rudolf Steiner / Marie Steiner-von Sivers: *Briefwechsel und Dokumente 1901–1925* (GA 262), Basel [3]2014, S. 452, Brief vom 5. März 1925.

3 Rudolf Steiner: *Esoterische Betrachtungen karmischer Zusammenhänge, Dritter Band* (GA 237), Dornach 1991, Vorträge vom 28. Juli und 1. August 1924, und *Sechster Band* (GA 240), Dornach 1992, Vortrag vom 27. August 1924.

4 Ders.: *Wahrspruchworte* (GA 40), Dornach [8]1998.

kritische Durchsicht einer Reihe von Studien mit wichtigen Korrekturvorschlägen und Anregungen. Für die Textgestaltung bedanke ich mich herzlich bei Christiane Wefing, Corina Schretter und Thomas Neuerer. Claudius Weise danke ich für sein engagiertes Interesse als Verleger und als Lektor.

Im März 2022 *Armin Husemann*

Teil 1

Rudolf Steiners Kunst

1. Rudolf Steiner als Künstler

War Rudolf Steiner künstlerisch begabt?

Nehmen wir an, ein Student würde mit einer Dissertation beauftragt über das Thema «Rudolf Steiner als Künstler». Neben einem Katalog der sprachlichen, malerischen, plastischen und architektonischen Werke, der Kleinodien-Entwürfe und der Entstehungsgeschichte der Eurythmie würde der Professor für Kunstgeschichte ohne Zweifel erwarten, dass der Doktorand (eventuell unveröffentlichte) Frühwerke erfasst, die den Entwicklungsgang Rudolf Steiners als Künstler dokumentieren: etwa Gedichte aus der Wiener, der Weimarer oder der Berliner Zeit, Skizzen, architektonische Entwürfe, Dramenfragmente oder Ähnliches.

Von alledem ist nichts vorhanden. Völlig unvermittelt[5] tritt der Geistesforscher, Philosoph und Kulturschriftsteller 1907 als bildender Künstler an die (theosophische) Öffentlichkeit: als Plastiker jener sieben Säulen, die er auf Bretter malen lässt.[6] Darüber verwundert, wäre die nächste Frage

5 Roland Halfen: *Der Münchner Kongress 1907*, in ders. / Walter Kugler (Hrsg.): *Rudolf Steiner. Das Graphische Werk*, Dornach 2005, Textband, S. 55.

6 Rudolf Steiner: *Bilder okkulter Siegel und Säulen. Der Münchner Kongress Pfingsten 1907 und seine Auswirkungen* (GA 284), Dornach ³1992. Als einzige künstlerische Betätigung vor 1907 kommt Rudolf Steiners Wirken in der «Dramatischen Gesellschaft» in Berlin von 1897 bis 1900 in Betracht: «Mit Otto Erich Hartleben zusammen nahm ich an den Proben teil. Wir fühlten uns als die *eigentlichen* Regisseure. Wir gestalteten die Stücke bühnenmäßig.» – Rudolf Steiner: *Mein Lebensgang* (GA 28), Dornach ⁹2000, XXV. Kap., S. 354. Hervorhebung A.H. Schon 1902 fasste er mit diesem Erfahrungshintergrund und unmittelbar nach der Begegnung mit Marie von Sivers eine Aufführung der *Kinder des Lucifer* von Édouard Schuré ins Auge, die aber erst 1909 zustande kam (vgl. Rudolf Steiner: *Der Orient im Lichte des Okzidents* (GA 113), Dornach 1982, Vortrag vom 23. August 1909).

des Kunstgeschichtsprofessors nach der künstlerischen Ausbildung Rudolf Steiners. «Keinerlei Ausbildung», könnte der Doktorand nur antworten, «reiner Autodidakt.»

In der Tat: Was ist das für ein vielseitiger Dichter, Maler und Plastiker, den es bis in sein 46. Lebensjahr niemals zu einem Gedicht, zu einem plastischen Werk, zum Malen eines Bildes gedrängt hat?

War der junge Rudolf Steiner künstlerisch begabt? Herausragend begabt war der Jüngling für wissenschaftliche Erkenntnisfragen. Ein immenser Fleiß im Studium philosophischer Werke zeugt von dem in ihm lebenden unstillbaren Erkenntnisdrang. So war er in der Lage, mit der Überschau eines Gelehrten im Alter von 21 Jahren Sätze wie die folgenden zu schreiben, die seiner ersten schriftlichen Abhandlung entstammen: «Dies muss beachtet werden, wenn man aus einer Menge dunkler Begriffe, die heutzutage im Umlauf sind, bis zur vollkommenen Klarheit hindurchdringen will. Man wird sich zunächst fragen müssen: *was ist denn eigentlich Erfahrung*, gewonnen an diesem oder jenem Objekte? In Werken über Erfahrungsphilosophie wird man vergebens nach einer sachlichen, befriedigenden Antwort auf diese gewiss berechtigte Frage suchen.»[7] Das ist die stilsichere Diktion des früh gereiften Erkenntniswissenschaftlers, der mit 21 Jahren die Herausgabe von Goethes Naturwissenschaftlichen Schriften souverän in Angriff nimmt. Der Gustav-Mahler-Biograph Richard Specht, der mit Rudolf Steiner als seinem Hauslehrer fünf Jahre lang zusammenlebte, schreibt über seine künstlerische Begabung: «[T]otal unmusikalisch [...] war [er] nicht im Stande, einen Vers zu schreiben, war zeichnerisch [...] unbegabt. Umso unbegrenzter mein Erstaunen, ja meine Bewunderung [...], als ich seine Entwürfe und Malereien zum Goetheanum sah und seine für die dortigen Feste bestimmten Dichtungen las. Wieder zeigt es sich, dass der Wille alles ist, dass sogar Inspiration und Vision durch Energie herbeizuzwingen ist.»[8] Diese Einschätzung bestätigt

7 Rudolf Steiner: *Einzig mögliche Kritik der atomistischen Begriffe* (1882), in: *Rudolf Steiner über den Atomismus. Zwei Aufsätze aus dem Frühwerk* (Beiträge zur Rudolf Steiner Gesamtausgabe Nr. 63), Dornach 1978, S. 5f. Hervorhebung im Original.

8 Richard Specht: *Er hatte es nicht leicht gehabt*, in: Wolfgang G. Vögele (Hrsg.): *Der andere Rudolf Steiner. Augenzeugenberichte, Interviews, Karikaturen*, Dornach 2005, S. 39-46, hier S. 43f.

ein Schulzeugnis, das Rudolf Steiners Leistungen in fast allen Fächern mit «vorzüglich» benotet, nur im «Freihandzeichnen» erhält er die Note «befriedigend» und in Deutsch (!) «lobenswert».[9]

Man lese auch z.B. ein von Rudolf Steiner verfasstes Gedicht für Johanna Fehr, einer Schwester von Radegunde Fehr. Es ist eine in Verszeilen gesetzte meditative Prosa, aber kein «Gedicht».[10] Auch er selbst sagt von sich in dieser Zeit, er sei «kein beträchtlicher Dichter»[11]. Wie hat sich Rudolf Steiner zum Künstler entwickelt?

In den Ferien, die er mit der Familie Specht am Attersee verbrachte, hatte Rudolf Steiner auch die Freizeit der Söhne zu gestalten. Er musste mit ihnen spielen. An dieser Stelle seiner Autobiografie teilt er mit, er habe als Kind «wenig Gelegenheit» gehabt, «an kindlichen Spielen teilzunehmen. Und so kam es, dass meine ‹Spielzeit› erst in meine Zwanzigerjahre fiel. *Ich musste da auch lernen, wie man spielt.*» Ein Satz, der in seiner Merkwürdigkeit den Leser geradezu auf die besondere Konstitution dieses jungen Mannes hinweisen will. Er habe, fährt er fort, «was man sonst vor dem zehnten Lebensjahre nach dieser Richtung vollbringt, vom drei- bis achtundzwanzigsten Jahre nachgeholt.»[12]

Ein Kind, das nicht spielt; ein Mann, *der lernen muss, wie man spielt* – die Frage nach der Phantasie, nach seiner künstlerischen Begabung wirft Rudolf Steiner hier selbst auf. Denn dass mit dem Hinweis auf «die fehlende Gelegenheit, am Spielen teilzunehmen» nicht nur auf die soziale Außenseiterrolle des «Steiner-Rudi» in der Dorfjugend hingewiesen werden sollte, von der er in einem vorangehenden Kapitel berichtet,[13] sondern auf seine besonders geartete individuelle Konstitution, das zeigt jener viel zitierte Selbstbericht über sein besonderes Verhältnis zur Sinneswelt. Als Kind primär in der geistigen Wirklichkeit lebend, fand Rudolf Steiner lange Zeit, nämlich bis in sein 35. Lebensjahr hinein, kein unmittelbares seelisches *Interesse* an der Sinneswelt: «Es war, als ob ich das seelische Erle-

9 David Marc Hoffmann, Albert Vinzens, Nana Badenberg, Stephan Widmer (Hrsg.): *Rudolf Steiner. Eine Bildbiografie*, Basel 2021, S. 35.

10 Martina Maria Sam: *Rudolf Steiner. Die Wiener Jahre*, Dornach 2021, S. 211.

11 David Marc Hoffmann u.a.: *Rudolf Steiner*, S. 131.

12 GA 28, VI. Kap., S. 107f.; Hervorhebung A.H.

13 A.a.O., I. Kap.

ben nicht so weit in die Sinnesorgane hätte ergießen können, um, was *diese* erlebten, auch vollinhaltlich mit der Seele zu verbinden.»[14] Mit dieser Eigendiagnose verneint Rudolf Steiner bei sich selbst für die angegebene Zeit seiner Biografie genau jenen Prozess, den er später als die Physiologie des Künstlers, als die Physiologie der Phantasie beschrieben hat.[15] Der Künstler oder das phantasievolle Kind verbinden sich schöpferisch mit den Sinnen, etwa Auge oder Ohr, indem sie atmend die freien ätherischen Bildekräfte der Seele in die Sinne ergießen. Das liegt dem gestaltenden Erleben und dem künstlerischen Schaffen zugrunde.[16]

Wissenschaftliche Hochbegabung und primär ein Leben in der *geistigen* Welt – das brachte sich der Geistesforscher aus seiner Vergangenheit mit in diese Verkörperung; *künstlerische* Begabung, im gewöhnlichen Sinne des Wortes, war ihm nicht in die Wiege gelegt.

Was tut ein Künstler, wie Rudolf Steiner ihn versteht?[17] Natur und Menschen bringen das Leben bis zu einem gewissen Punkt ihren inneren Gesetzen gemäß zum Ausdruck – ein Seerosenteich, eine Tiergestalt, das Seelenzerwürfnis zweier Liebender, ein Verbrechen. Der Künstler steigert die dem Geschehen innewohnenden Kräfte, sodass das geistig darin Wirksame in höherer Form erlebbar wird als in der alltäglichen Erfahrung. «Das Schöne ist eine Manifestation geheimer Naturgesetze, die uns ohne dessen Erscheinung ewig wären verborgen geblieben.»[18]

14 A.a.O., XX. Kap., S. 316. Hervorhebung im Original.

15 ders.: *Die physischen und die geistigen Abhängigkeiten der Menschen-Wesenheit.* In: *Von Seelenrätseln* (GA 21), Dornach [5]1983, Kap. IV.6.

16 Vgl. ders.: *Die Quellen der künstlerischen Phantasie und die Quellen der übersinnlichen Erkenntnis.* In: *Kunst und Kunsterkenntnis* (GA 271), Dornach [3]1985, Vortrag vom 5. Mai 1918. – Vgl. ferner Armin Husemann: *Das Erlebnis der Musik und seine physiologischen Grundlagen*, in: *Der hörende Mensch und die Wirklichkeit der Musik.* Stuttgart 2010, 3. Kap. (2. Auflage in Vorbereitung)

17 Vgl. Rudolf Steiner: *Goethe als Vater einer neuen Ästhetik*, in: GA 271, Autoreferat vom 9. November 1888.

18 Johann Wolfgang von Goethe: *Sprüche in Prosa. Herausgegeben und kommentiert von Rudolf Steiner*, Stuttgart 1999, 11. Abteilung: Kunst, Nr. 811.

Der künstlerischen Begabung liegt aber derselbe Steigerungsprozess zugrunde. Die Begabungen von Mozart, Henry Moore oder Rembrandt sind selbst Steigerungen der Menschennatur in Richtung der Kunst. Solche Künstlerschaft ist aus früheren Leben mitgebracht und oft – besonders bei Musikern – an die physische Vererbung gebunden, derer sich die Schicksalsbildekräfte eines Bach, Mozart oder Beethoven bedient haben. Solche Künstler *müssen* künstlerisch schaffen, sobald ihr Seelenleben selbstständig erwacht – oder sie gehen, wenigstens seelisch, zugrunde. Rudolf Steiners Kunstwerke entstammten aber weder persönlichen Notwendigkeiten noch angeborenen Talenten.

Die Philosophie der Freiheit

Wer sich seine eigene Denktätigkeit im Sinne der *Philosophie der Freiheit* zum Bewusstsein bringt, erfasst, dass er in der Tätigkeit der Gedankenbildung die geistige Wirklichkeit erlebt, die den Sinnestatsachen zugrunde liegt. Was so erlebt wird, nannte der Autor später «ätherische Bildekräfte», benutzt das Wort aber schon gleichbedeutend im «Freiheitsbuch»: «Ich bin eben durchaus der Ansicht, dass man auch in das Ätherreich der Begriffe sich erheben muss, wenn man das Dasein nach allen Richtungen durchleben will. Wer nur mit den Sinnen zu genießen versteht, der kennt die Leckerbissen des Lebens nicht. [...] Es muss ein Wissen geben, das in den einzelnen Wissenschaften die Elemente sucht, um den Menschen *zum vollen Leben wieder zurückzuführen.*»[19]

Wer so im Denken schöpferisch lebt, ist zugleich Künstler auf geistigem, nicht-sinnlichem Felde: «Alle wirklichen Philosophen waren *Begriffskünstler.*[20] Für sie wurden die menschlichen Ideen zum Kunstmateriale und die *wissenschaftliche Methode zur künstlerischen Technik.*[21] Das abstrakte Denken gewinnt dadurch konkretes, individuelles Leben. Die

19 Rudolf Steiner: *Die Philosophie der Freiheit* (GA 4), Dornach [16]1995, S. 269f. Hervorhebung A.H.

20 Hervorhebung im Original.

21 Hervorhebung A.H.

Ideen werden Lebensmächte.»[22] Dies sind dieselben Lebensmächte, mit denen der sinnlich schaffende Künstler ringt, die Rudolf Steiner aber leibfrei erfasste. Dass die wissenschaftliche Methode zur «künstlerischen Technik» wurde, war die Geburt der neuen Mysterien. Der Wissenschaft und der Kunst wurde ihre gemeinsame Quelle im Weltenäther wieder erschlossen.[23] Mantrisch verdichtet Rudolf Steiner dies 1907:

Im reinen Gedanken findest du
Das Selbst, das sich halten kann.

Wandelst zum Bilde du den Gedanken,
Erlebst du die schaffende Weisheit.[24]

Was für den Leser der *Philosophie der Freiheit* zunächst als rein gedankliche Arbeit erscheint, war für ihren Verfasser ein gesamt-menschlicher, planmäßig durchgeführter Meditationsweg, durch den er sich immer mehr von den physischen Bedingungen des Bewusstseins befreite. Er berichtet darüber in seinem Buch *Mein Lebensgang*: «In einer solchen aus innerer geistiger Lebensnotwendigkeit geübten Meditation entwickelt sich immer mehr das Bewusstsein von einem «inneren geistigen Menschen, der in völliger Loslösung von dem physischen Organismus im Geistigen leben, wahrnehmen und sich bewegen kann.»[25] Dies war errungen, als das «Freiheitsbuch» erschien. Rudolf Steiner stand im 33. Lebensjahr. Und jetzt erst begann sich sein oben erwähntes distanziertes, anstrengendes Verhältnis zur Sinneswelt zu verwandeln. Erst *nachdem* er sich vom denkenden Ich aus ein freies Verhältnis zu seinem physischen Leib errungen hatte, tauchte er mit seiner Seele voll in die physische Sinneswelt ein. Dies geschah zu Beginn seines 36. Lebensjahres. «Eine vorher nicht vorhandene

22 A.a.O., S. 270.

23 Vgl. Herbert Witzenmann: *Die Philosophie der Freiheit als Grundlage künstlerischen Schaffens*, Dornach 1980.

24 Rudolf Steiner: *Der Theosophische Kongreß in München. Bericht in der Zeitschrift «Lucifer-Gnosis», Nr. 34* (Sommer 1907), in: GA 284, S. 41.

25 GA 28, XX. Kap., S. 326.

Aufmerksamkeit für das Sinnlich-Wahrnehmbare erwachte in mir.»[26] So schuf sich Rudolf Steiner die Voraussetzungen für eine völlig neue Kunst. Diese entstammt nicht der angeborenen Begabung und persönlichen Notwendigkeit; sie ist *Kunst aus Freiheit* und sie erscheint ab 1907 – was noch zu erläutern ist – aus *Welt*notwendigkeit.

In der Fortsetzung des Einweihungsweges erfasst der Mensch, nachdem er die imaginativen Bilder der schaffenden Weltgedanken erlebt hat, das innere wahre Verhältnis dieser Bilder zueinander, wenn er durch Läuterung seines Seelenlebens die Kraft gewinnt, diese Bilder auszulöschen. Die Sphärenharmonie offenbart die inneren geistigen Verhältnisse der Weltgedanken zueinander. In der Intuition vereint sich der sich selbst Überwindende mit den geistigen *Wesen*, von denen das Schaffen der Welt ausgeht. Er verkehrt mit den Hierarchien der göttlichen Schöpfungswelten. Der Eingeweihte steht also in diesen Wesenssituationen: sein Erden-Ich, erloschen und zum Welten-Ich umgestülpt, lebt seine Wesenheit so, wie der gewöhnliche Mensch der Gegenwart im Schlaf. – Die Seele Rudolf Steiners lebte im Makrokosmos in den Planeten- und Fixsternsphären hellwach, zur Welt erweitert, während er physisch in München 1907 in einem Wohn- oder Atelierraum saß. Dort plastizierten seine *physischen Hände* die Kapitellformen. «Die plastischen Formen der Kapitäler sind Übersetzungen dessen, was der ‹Seher› hört. Doch sind diese Formen [...] so, wie sie sich [...] ergeben, wenn der ‹sehende Mensch› die ‹geistige Musik› [...], die sein ganzes Wesen durchströmt, auf die formende Hand wirken lässt.»[27] Der Schritt zur Inspiration und Intuition, aus denen diese Entwicklungsformen des Weltenäthers stammen, wurde für den Kongress 1907 so formuliert:

Verdichtest du das Gefühl zum Licht,
Offenbarst du die formende Kraft.

Verdinglichst du den Willen zum Wesen,
So schaffest du im Weltensein.[28]

26 A.a.O., S. 316.

27 Ders.: *Bilder okkulter Siegel und Säulen. Zur Einführung in die Mappe mit den vierzehn Bildtafeln (Oktober 1907)*, in GA 284, S. 95. Diese plastischen Originale gelten als verschollen.

28 Siehe Fn. 24.

Zwei Quellen der Kunst

Der Künstler Rudolf Steiner hat also mitgeteilt, wie sich Anthroposophie in Kunst verwandelt. Es sind die schöpferischen Mächte der geistigen Welt, die sich durch den Geistesforscher als Kunst offenbaren. Wissenschaft und Kunst sind eins geworden. Wer diese Formen auf sich wirken lässt, stellt Beziehungen her zu den Wesen der Geistwelt, aus denen sie stammen und in denen sie leben.

Wer nun den Kunstbegriff aus dem Aufsatz *Goethe als Vater einer neuen Ästhetik* hiermit vergleicht, bemerkt einen scheinbaren Widerspruch. Kunst ist dort, wie oben erwähnt, Steigerung der aus den Sinneserlebnissen erfassten Kräfte und Gesetze. Es ist aber ausgeschlossen, diese Kapitellformen als Steigerung von Sinneserlebnissen aufzufassen. Im Gegenteil – notwendige Bedingung für ihren Schöpfer war, das Bewusstsein der Sinneswelt auszulöschen. Wir stehen vor einer zweiten, der oben genannten entgegengesetzten Quelle der Kunst: «[I]ndem die Seele also untertaucht in die geistige Wirklichkeit, taucht sie auch anders unter in die Welt der Formen, in die Welt des Gestaltens. Dadurch aber wird sie dazu geführt, nicht etwa an die Stelle der Kunst etwas anderes zu setzen als Kunst, aber der Kunst sich in einer anderen Weise zu nähern. Während die andere Kunst ausgehen muss von dem, was sich den Sinnen darbietet, und dasjenige, was sich den Sinnen darbietet, heraufgehoben werden kann in das Geistige – sodass diese Kunst auftritt als etwas aus der Sinnenwelt Heraufgehobenes, über das ausgegossen ist dasjenige, zu dem man heraufgestiegen ist bis zu einer geistigen Formung der äußeren sinnlichen Wirklichkeit –, ist dasjenige, was man nennen kann Erfassen des Künstlerischen durch die Geisteswissenschaft, etwas, was den gerade umgekehrten Weg macht. Der Mensch steht dann zuerst im Geistigen drinnen. Er erlebt lebendig das Weben und Leben der geistigen Geschehnisse, er tritt als Geist dem Geiste gegenüber. Und wenn nun in ihm künstlerische Betätigungsmöglichkeit ist, wenn Kunst entstehen soll, dann wird nicht, wie es in der sonstigen Kunst geschieht, wie es in der Kunst bisher geschehen ist, das Sinnliche hinaufgeführt, bis man ihm den Glanz des Geistigen geben kann, sondern es wird das Geistige hinuntergeführt in das Materielle.»[29]

So gilt es anzuerkennen, dass es zwei Quellen der Kunst gibt, zwei Wege sie zu entwickeln:
– den Weg aus der Sinneswelt in die Richtung der geistigen Wirklichkeit,
– den Weg aus der geistigen Welt in die Sinneswelt.
Der letztere ist der Weg des Eingeweihten als Künstler.[30] Wenn aber das Geistige nur als Idee *gedacht* und dann sinnlich dargestellt wird, so entstehen Symbole oder Allegorien, nicht Kunstwerke. Was also in *Goethe als Vater einer neuen Ästhetik* abgelehnt wird als die verfehlte Kunstauffassung von Hegel und Schelling – Kunst sei Erscheinung der Idee im Sinnlichen –, das ist gerade der wahre Tatbestand des künstlerischen Schaffens, wenn der Mensch nicht denkend diesseits, sondern voll wesenhaft jenseits der Schwelle in der geistigen Welt steht. So entstanden in allen Kulturepochen durch Eingeweihte die Formen der Tempel und der Kulte: die ägyptische Pyramide, der griechische Tempel, der salomonische Tempel, der gotische Dom. Die Kunst, die sich aus der Sinneswelt entwickelt, war hingegen immer eine Kunst der *Geistesschüler*, der Menschen, die aus karmisch mitgebrachter Begabung in ihren Werken aus der Sinneswelt heraus eine geistige Wirklichkeit erstrebten. Je bewusster der Künstler selbst sich als Geistesschüler versteht, umso geringer ist sein Widerstand gegen eine Kunst, die unmittelbar der geistigen Welt entstammt. «Die unterbewusste Kunst hat ihre Vergangenheit und mit ihrer Vergangenheit ein Ende erreicht. Die Kunst, welche sich von der Geisteswissenschaft inspirieren lässt, steht im Beginn [...]. Das ist die Kunst der Zukunft. So wahr es ist, dass der alte Künstler nicht zu wissen brauchte, was den Kunstwerken zugrunde liegt, so wahr ist es, dass es der zukünftige Künstler wissen muss, aber mit jenen Kräften, die wieder eine

29 Rudolf Steiner: *Missverständnisse über Geistesforschung und den ihr gewidmeten Bau in Dornach*, in: *Architektur, Plastik und Malerei des ersten Goetheanum* (GA 288), Dornach 2016, S. 34f. Auszug aus dem Vortrag vom 14. Januar 1916; der Vortrag als Ganzes ist noch nicht in der Gesamtausgabe erschienen.

30 Roland Halfen fasst die beiden Quellen so auf, dass Rudolf Steiner die *Motive* seiner bildenden Kunst aus der geistigen Erfahrung, die physische *Ausführung* dann aus der Steigerung der sinnlichen Erfahrung entwickelt hat. (Persönliche Mitteilung an den Autor.)

Art des Unendlichen darstellen, die wieder etwas aus dem Vollinhaltlichen der Seele darstellen.»[31]

Die Urkunst

Der Geistesschüler nimmt die eigene Wesenheit nicht als naturgegeben hin. Er sucht nach Selbsterkenntnis und strebt sich zu verwandeln, seine Triebe zu läutern, seinen Willen mit dem Weltenwillen in Einklang zu bringen. Dadurch erwacht er zu einer Imagination seiner wahren Wesenheit. Er erschaut, was ihm bisher im Unterbewusstsein verborgen blieb: Wie er aus seiner Bindung an die Sinneswelt und an seinen physischen Leib aus seinen freien Lebenskräften keine menschlichen, sondern tierartige, *grauenhaft-hässliche Gestalten* geschaffen hat. Sie sind das Ergebnis einer unbewussten schöpferischen Tätigkeit, die ihm jetzt als Steigerung der eigenen Natur im *hässlichen* Bild erscheint. Hält er diesem Anblick seiner eigenen Seele mutig stand, im Streben nach seinem wahren höheren Ich, dann beginnt dieses höhere Selbst hinter den gespenstigen Bildern zu sprechen: «[W]enn du fortan Unrichtiges tust oder denkst, so wirst du sogleich deine Schuld als eine hässliche, dämonische Verzerrung an dieser meiner Gestalt wahrnehmen. Erst wenn du all dein vergangenes Unrichtiges gutgemacht und dich so geläutert hast, dass dir weiter Übles ganz unmöglich ist, dann wird sich mein Wesen in leuchtende Schönheit verwandelt haben.»[32]

Diese Umgestaltung, die aktive Metamorphose der eigenen naturgegebenen hässlichen Wesenheit in eine schöne Gestalt ist die *Urkunst*. Aus ehrlichem Ringen um Wahrheit diesseits der Schwelle in *wissenschaftlicher* Gesinnung führt sie als Brücke hinüber in die geistige Wirklichkeit zur Vereinigung mit dem höheren Ich, dem wahren Menschenwesen – dem Zentrum des religiösen Lebens.

Die Erneuerung der Künste aus Anthroposophie erwuchs aus Früchten der Urkunst, der Selbstverwandlung. An Johannes Thomasius, der 1910, in

31 Rudolf Steiner: *Die Evolution vom Gesichtspunkt des Wahrhaftigen* (GA 132), Dornach 1969, S. 57, Vortrag vom 14. November 1911.

32 Ders.: *Wie erlangt man Erkenntnisse der höheren Welten?* (GA 10), Basel [25]2018, S. 195f.

der Aufbruchszeit der Moderne, in München als Maler auf die Bühne tritt, ist sie sinnlich-künstlerisch zu erleben.[33] Marie Steiner, Edith Maryon und viele andere – ganz zu schweigen von Rudolf Steiner selbst – stellten ihre Kunst aus dieser Quelle und in dieser Gesinnung in die allgemeine Kultur.[34] Dies geschah in eindeutiger Ablehnung jener künstlerischen Praxis, die den Materialismus seit Mitte des 19. Jahrhunderts verinnerlicht hatte: «Unser Beruf ist es nicht, zu konkurrieren mit äußeren Bühnenleistungen. Wir denken gar nicht daran, in irgendeiner Weise ein gleiches zu tun, und schon der bloße Vergleich mit äußeren sonstigen Bühnenleistungen ist ein Irrtum. Mag ein Kunsturteil in Bezug auf das, was heute in äußeren Bühnendarstellungen gefordert wird, sagen, was immer es will, es ist ein Dilettantismus in Bezug auf das, was Geisteswissenschaft wirklich will, wollen muss, auch in Bezug auf die Kunst.»[35]

Rudolf Steiners «ästhetische Erziehung» seiner Schüler

Wie aus einem «Keim», den er Rudolf Steiner hinterlassen hat, wuchsen aus Goethes *Märchen*[36] die *Mysteriendramen* und damit der Bau des Goetheanums und seiner Künste heraus.[37]

Goethes *Märchen* und Rudolf Steiners Kunstimpuls haben aber auch

33 Vgl. ders: *Die Pforte der Einweihung (Initiation). Ein Rosenkreuzermysterium.* In: *Vier Mysteriendramen* (GA 14), Basel ⁵2013.

34 Ders.: *Anthroposophische Gemeinschaftsbildung* (GA 257), Dornach ⁴1989, S. 62, Vortrag vom 6. Februar 1923.

35 Ders.: *Weltenwunder, Seelenprüfungen und Geistesoffenbarungen* (GA 129), Dornach ⁶1995, S. 23, Vortrag vom 18. August 1911.

36 Johann Wolfgang von Goethe: *Das Märchen von der grünen Schlange und der schönen Lilie*, in ders.: *Werke Bd. VI,* Hamburger Ausgabe in 14 Bänden, München 1981, S. 209ff.

37 Rudolf Steiner: *Einiges über das Rosenkreuzermysterium «Die Pforte der Einweihung»*, in: *Wege und Ziele des Geistigen Menschen. Lebensfragen im Lichte der Geisteswissenschaft* (GA 125), Dornach ²1992, S. 124f., Vortrag vom 31. Oktober 1910. Vgl. zudem ders., *Mein Lebensgang* (GA 28), Dornach ⁹2000, XII. Kap., hier S. 179ff.

sozialgeschichtlich einen gemeinsamen Boden. Als das *Märchen* entstand, rangen Goethe und Schiller um ihre Stellung zur Französischen Revolution. Für beide lag in dieser das Problem, dass die soziale Gestaltung nicht aus innerer Kultur entwickelt, sondern durch den Terror der Ideologie gewaltsam herbeigeführt worden war. Für Goethe, der die drei Kräfte der sozialen Ordnung in den drei Königen des Märchens verbildlichte, waren «Freiheit, Gleichheit, Brüderlichkeit» solange noch nicht «an der Zeit», als der gemischte König regierte. Schiller stellte dar, wie die Erziehung durch Kunst den Menschen erst zum freien sozialen Wesen bildet. Der Impuls *Mitteleuropas* formulierte sich. Genau in diesem Sinne und aus dieser Notwendigkeit heraus wurde Rudolf Steiner ab 1907 zum Künstler. Anthroposophie musste den Weg vom Wissen in das *Können* finden, in den Aufbauwillen einer neuen Kultur. Ab 1907 begann also *die ästhetische Erziehung der Anthroposophen*, ihre Vorbereitung für den Augenblick, da sich Anthroposophie zu bewähren hatte, indem sie zeigte, was sie für die Zivilisation zu *leisten* imstande ist. Im Jahr 1918 war es «an der Zeit», im Sinne des Alten mit der Lampe: Der Tempel war ans Licht gestiegen.[38] Das Scheitern der Dreigliederungsbewegung lag dann wesentlich auch darin begründet, dass die Vertreter dieser Ideen ihr Denken und Reden zu wenig mit dem Leben der künstlerisch schöpferischen Seele verbunden hatten. Der Leidensweg Rudolf Steiners an den «Tochterbewegungen» hatte hier eine seiner wesentlichen Ursachen, wie er in den Vorträgen des Jahres 1923 den Mitgliedern bewusst machte. Der Intellektualismus, geeint mit äußerem Wirkungs- und Führungsanspruch, richtete sich zuletzt gegen die Verwirklichung der Anthroposophie.

Noch im letzten vollen Schaffensjahr 1924 konzipierte Rudolf Steiner für die Menschen, die in seiner Vision die Erneuerung der Kultur aus den Sektionen der Hochschule heraus zu leiten und zu verantworten hatten, eine allgemeine Berufsausbildung durch Kunst, indem er den Initiationsweg für die Zivilisation in einen künstlerischen Übungsweg verwandelte.[39]

Vor diesem Hintergrund lassen wir die eigentümlich gestalteten Schluss-

38 Johann Wolfgang von Goethe: a.a.O., S. 235f.

39 Vgl. Armin Husemann (Hrsg.): *Menschenwissenschaft durch Kunst. Die plastisch-musikalisch-sprachliche Menschenkunde.* Stuttgart [1]2007.

worte auf uns wirken, mit denen der 28-jährige Rudolf Steiner den Aufsatz *Goethe als Vater einer neuen Ästhetik* beschließt – er blickt auf Goethe als den führenden Geist der Kulturepoche, den ersten, der Wissenschaft und Kunst auf seine Art zu höherer Einheit vereinigt hatte: «Nur wenn wir den vollen Reichtum der Lebensäußerungen durchlaufen, in denen sich dieser universelle Geist ausgelebt hat, tritt uns sein Wesen, tritt uns seine Tendenz, aus der bei ihm alles entspringt und die einen Höhepunkt der Menschheit bezeichnet, vor die Seele. Erst wenn diese Tendenz Gemeingut aller geistig Strebenden wird, wenn der Glaube ein allgemeiner sein wird, dass wir die Weltansicht Goethes nicht nur verstehen sollen, sondern dass wir in ihr, sie in uns leben muss, erst dann hat Goethe seine Sendung erfüllt. Diese Weltansicht muss für alle Glieder des deutschen Volkes und weit über dieses hinaus das Zeichen sein, in dem sie sich als in einem gemeinsamen Streben begegnen und erkennen.»[40]

Goethes Weltansicht und Gesinnung als das, was die Gemeinschaftsbildung des deutschen Volkes geistig trägt – wenn dieser Ruf hätte gehört werden können, wäre dem Ungeist der Zugang zum deutschen Volk verwehrt worden. Das Schicksal Deutschlands im 20. Jahrhundert entstammt der Tötung jenes Denkens, das Goethe zum Leben erweckt hatte. – Aber von welchem Zeichen spricht Rudolf Steiner, in dem sich die im Sinne Goethes Strebenden «begegnen und erkennen»? – Es kann kein Zweifel sein: Das Zeichen ist jenes, zu dem sich Goethe als «Bruder Markus» in den *Geheimnissen*[41] bekannt hat: das Kreuz mit Rosen umwunden, das Sinnbild einer neuen Kunst des Lebens.

40 GA 271, S. 35.

41 Johann Wolfgang von Goethe: *Die Geheimnisse*, in ders.: *Werke Bd. II.* Hamburger Ausgabe in 14 Bänden, München 1981, S. 271ff.

2. Stilformen des Lebendigen

Vom Gedanken zum Bild

Wenn Wissenschaft und Kunst sich vereinigen, entsteht das Leben der Anthroposophie. Die Sprache Rudolf Steiners als Wissenschaftler und sein künstlerischer Baustil sollen in diesem Kapitel auf ihre gemeinsame Quelle hin zurückverfolgt werden.

In den Vorbemerkungen zur 4. Auflage seiner *Geheimwissenschaft im Umriss* lesen wir: «Wer auf den hier gemachten Versuch der Darstellung einzugehen willens ist, wird vielleicht bemerken, dass manches, was dem trockenen Worte zu sagen unmöglich ist, durch die *Art* der Schilderung erstrebt wird.»[42] An einem Beispiel aus diesem Werk soll versucht werden, tiefer in das «Wie» der Darstellung einzudringen.

In dem Kapitel *Wesen der Menschheit* wird dargestellt, wie das Ich die Leibes-Glieder in Geist-Glieder verwandelt. Die Arbeit des Ich am Astralleib vollzieht sich schneller als diejenige am Ätherleib. Die viel geringere Geschwindigkeit der Verwandlung des Ätherleibes kann man daran ermessen, wie gering sich z. B. das Temperament des Menschen im Laufe seines Lebens ändert. Demgegenüber ist die Verwandlung des Astralleibes während eines Menschenlebens viel stärker: Alles, was man seit der Kindheit gelernt hat, und wie sich die Gegenstände von Lust und Schmerz geändert haben, ist davon ein Ausdruck. Um das Verhältnis dieser beiden Geschwindigkeiten zu veranschaulichen, sagt Rudolf Steiner: «Man kann den Vergleich gebrauchen, dass das Verhältnis der beiderlei Änderungen ist wie das Vorrücken des Stundenzeigers der Uhr im Verhältnis zum Minutenzeiger.»[43]

Liegt hier vielleicht mehr vor als ein bloßer Vergleich? In welchem Ver-

42 Rudolf Steiner: *Die Geheimwissenschaft im Umriß* (GA 13), Basel [31]2013, S. 21. Hervorhebung im Original.

43 A.a.O., S. 73.

hältnis stehen denn die Geschwindigkeiten von Stundenzeiger und Minutenzeiger? Im Verhältnis 1 : 12. Sie sind ja nichts anderes als ein mechanisches Abbild der Bahngeschwindigkeiten von Sonne und Mond im Tierkreis. So schaut man auf die Jahresbahn der Sonne für die Verwandlung des Ätherleibes in den Lebensgeist und auf die (etwa) zwölfmal raschere Geschwindigkeit des Mondes für die Verwandlung des Astralleibes in das Geistselbst.

Dass der Hinweis auf den Stunden- und Minutenzeiger der Uhr genau so gemeint ist, zeigt sich im Fortgang der Darstellung, wenn das Bild von Sonne und Mond erneut für denselben Zusammenhang aufleuchtet. Für die Arbeit an der Verwandlung des Ätherleibes erhält das Ich die stärksten Impulse aus dem religiösen Leben. Geringere Antriebe des Lebens bewirken die Verwandlung des Astralleibes. «Diese geringeren Antriebe des Lebens, welche durch Lernen, Nachdenken, Veredelung der Gefühle usw. an den Menschen herankommen, unterliegen dem mannigfaltig wechselnden Dasein; die religiösen Empfindungen drücken allem Denken, Fühlen und Wollen etwas Einheitliches auf. Sie breiten gleichsam ein gemeinsames, einheitliches Licht über das ganze Seelenleben aus.»[44] Hier tritt für die Arbeit am Ätherleib das Bild eines sich einheitlich ausbreitenden Lichtes auf und es wird gegenübergestellt dem «mannigfaltig wechselnden Dasein» der Antriebe, die auf den Astralleib wirken. Hat man noch in sich lebendig das zuvor erfasste Bild von Sonne und Mond mit ihren Geschwindigkeiten, so findet man die beiden Gestirne auch hier: im Vergleich des Lichtes, das sie verbreiten, einheitlich sich ausbreitend das Licht der Sonne; phasenweise, wechselhaft der Schein des Mondes.

Sonne und Mond werden an keiner der beiden Stellen genannt. Geht man aber genau auf die Art der Darstellung ein, so erscheinen sie dem Leser als in der Gestaltung verborgen wirkende Bilder.

Im folgenden Kapitel *Schlaf und Tod* taucht noch einmal die Uhr als Bild auf. Es ist vom rhythmischen Wechsel zwischen Wachen und Schlafen im Zusammenhang der Wesensglieder die Rede. «Wie ein Uhrpendel, nachdem es nach links ausgeschlagen hat und wieder in die Mittellage zurückgekommen ist, durch die bei diesem Ausschlag gesammelte Kraft nach rechts ausschlagen muss: so müssen der Astralleib und das in sei-

44 A.a.O., S. 74.

nem Schoße befindliche Ich, nachdem sie einige Zeit in dem physischen und dem Ätherleib tätig waren, durch die Ergebnisse dieser Tätigkeit eine folgende Zeit leibfrei in einer seelisch-geistigen Umwelt ihre Regsamkeit entfalten.»[45] Dadurch, dass ein Uhrpendel zum Vergleich genommen wird und nicht einfach ein Pendel, wird an das Bild der Uhrzeiger angeknüpft. Wie der Blick auf die verschiedenen Geschwindigkeiten der Zeiger auf Sonne und Mond, so weist die Bewegung des Uhrpendels auf das Schwerefeld der Erde. Dies erfolgt an der Stelle, wo der rhythmische Wechsel zwischen der irdischen Verkörperung und dem kosmischem Hinausschwingen von Astralleib und Ich dargestellt wird. Man kann hieraus erahnen, wie die Bilder, die Rudolf Steiner verwendet, aus denselben verborgenen Kräften stammen, deren Wirken er darstellt. Dort, wo nicht fertige Bilder hingestellt werden, ist die Darstellung so gehalten, dass der Leser, wenn er auf sie eingeht, selbst den Schritt tun kann vom Gedanken zum Bild. Der bloße Vergleich mit den Geschwindigkeiten der beiden Uhrzeiger ist ein Anhaltspunkt für die bildgestaltende Tätigkeit des Lesers, die, durch den Zusammenhang der Darstellung zu Sonne, Mond und Erde, aus der Schilderung innerster Seelenvorgänge, in den Makrokosmos geführt wird. Man kann also sagen: In Rudolf Steiners Darstellungsweise liegen Bildkeime verborgen, die der Leser im Offenbaren aufgreifen kann. Es werden ihm nicht nur fertige Bilder gezeigt; er findet auch «Farbtöpfe und Pinsel bereitgestellt», um sich selbst ans Malen zu machen.[46]

Im Bereich der Denkbewegungen selbst regt Rudolf Steiner den Leser noch auf andere Weise zur Tätigkeit an. In seinem letzten, am 10. Januar 1925 geschriebenen Vorwort zur *Geheimwissenschaft* lesen wir: «Die *Theosophie* und *Geheimwissenschaft* haben als Bücher, die im Leser guten Willen voraussetzen, auf eine schwierige Stilisierung einzugehen, weite Verbreitung gefunden.

Ich habe ganz bewusst angestrebt, nicht eine ‹populäre› Darstellung zu geben, sondern eine solche, die notwendig macht, mit rechter Gedankenanstrengung in den Inhalt hineinzukommen. Ich habe damit meinen Bü-

45 A.a.O., S. 84.

46 Vgl. ders.: *Anthroposophische Leitsätze. Der Erkenntnisweg der Anthroposophie*, (GA 26), Dornach [6]1972, S. 31ff.

chern einen solchen Charakter aufgeprägt, dass deren Lesen selbst schon der Anfang der Geistesschulung ist.»[47]

Am Anfang steht die notwendige Anstrengung der Gedankentätigkeit. Oft sind deshalb z.B. Sätze so geschrieben, dass das Bezugswort eines Relativpronomens bei einer nur gewohnheitsmäßigen Aufmerksamkeit verlorengeht. In dieser Art der Stilisierung liegt ein Element der Freiheit für den Leser. Er kann sicher sein, dass er sich nur das zu eigen macht, was er selbst in eigener Denkanstrengung gedacht hat. Damit führt diese Stilisierung dort, wo übersinnliche Tatsachen geschildert werden, hin zu dem Erlebnis des sinnlichkeitsfreien Denkens.

Wir finden schon durch die Darstellungsweise in Rudolf Steiners Schriften die Möglichkeit, die beiden Schritte zu tun, die ausgesprochen sind als die Worte der roten Säule:

> Im reinen Gedanken findest du
> Das Selbst, das sich halten kann.
>
> Wandelst zum Bilde du den Gedanken
> Erlebst du die schaffende Weisheit.[48]

Die Stilisierung für das reine Denken enthält das Element der Freiheit. Für den nächsten Schritt sind in der Darstellungskunst verborgene Bildkeime enthalten.

Sprachstil und Baustil

Die sprachliche Gestaltung in den geisteswissenschaftlichen Werken zu erforschen, ist eine erst anfänglich ergriffene Aufgabe. Rudolf Steiner selbst sagt dazu in einem Vortrag, dass Anthroposophie als eine «kosmische oder menschliche Totalität» sich einen eigenen Kunststil schaffen musste, und zwar nicht nur in Eurythmie, Architektur, Malerei oder Schauspiel, sondern auch im gedanklichen Ausdruck ihres Wesens. «Auch der letztere Umstand wird ja heute noch wenig berücksichtigt.

47 A.a.O., S. 28f.

48 GA 284, S. 41.

Es ist ja z.B. notwendig, dass bis auf die Satzgestaltung hinein dasjenige anders ausgesprochen wird, was anthroposophisch-geisteswissenschaftlich ist, als dasjenige, was sonst gewohnheitsmäßig bisher in der menschlichen Zivilisation äußerlich enthalten ist.» Hier folgen Äußerungen über die Notwendigkeit, eine Sache von verschiedenen Standpunkten aus zu betrachten. «So dass man oftmals nötig hat, – sagen wir, einen Vortrag damit zu beginnen, *dass man von der einen Seite her spricht, und dann den Vortrag ganz stilmäßig überfließen lässt in eine entgegengesetzter Gedankenformen sich bedienende Charakteristik.* Das aber kann schon in dem einzelnen Satze notwendig sein!» Gerade an dem hier zitierten Satz kann man studieren, wie er erst ruhig dahinfließt, sich dann erstaunlich staut in einem überraschenden Genitiv («entgegengesetzter Formen»), um dann innerlich gehalten weiterzuschwingen («sich bedienende») und schließlich entschieden zu stehen («Charakteristik»). Der äußeren, gewöhnlichen Wissenschaft entspreche es, stilistisch vor allem «in Nebeneinandergestelltem» zu arbeiten: «Anthroposophie muss vieles, was sonst in starren Satzkonturen hingestellt wird, flüssig machen, so dass der Satz elastisch, innerlich beweglich wird.» Mit solchen Ausführungen beginnt ein Vortrag, welcher die «Stilformen des Organisch-Lebendigen», die Bauformen des ersten Goetheanum zum Thema hat.[49] Tatsächlich spricht Rudolf Steiner hier über seine sprachliche Darstellungskunst so, als ob er die Innenformen des ersten Goetheanums beschriebe, die zum Zeitpunkt des Vortrages weitgehend fertiggestellt waren: Das Säulenprinzip wurde aus der bisher üblichen Architektur übernommen; aber das Prinzip des «Nebeneinandergestellten» wurde überwunden durch das Prinzip der Metamorphose in Sockeln und Kapitellen und durch einen Architrav, dessen Formen den ganzen Raum in eine innerlich gerichtete Bewegung brachten. Das Gemeinsame im Sprachstil und Baustil Rudolf Steiners ist zunächst *das Leben*. Darin lag die oft von ihm erwähnte Harmonie, in der aus der Anthroposophie heraus gesprochene Worte mit jenen Raumformen zusammenklangen.

Was wir beispielhaft skizzierten als Bildkeime, als Dynamik der Satzkunst, wäre weiter zu verfolgen bis in die Gliederungen der Schriften, die

49 Ders.: *Stilformen des Organisch-Lebendigen* (GA 289), Basel 2017, Vortrag vom 28. Dezember 1921.

Komposition der Dichtungen hinein. Zum Beispiel gab Rudolf Steiner den Hinweis, dass in seiner *Geheimwissenschaft* die Darstellung der Saturnentwicklung in einer architektonischen Stimmung, die Sonnenentwicklung in einer bildhauerischen und die Mondenentwicklung in einer malerischen Stimmung gehalten seien.[50]

«Es scheint, als habe es sich nur alles selbst gemacht ...»
Innenräume bei Goethe

Suchen wir im mitteleuropäischen Geistesleben den Boden, in welchem Rudolf Steiner die anthroposophischen Stilformen entwickeln konnte, dann weist uns der Name den Weg, mit dem er den Bau benannte: *das Goetheanum.* Anthroposophie fand in Goethes Werk den Boden, in dem sie Wurzeln schlagen konnte. Über den von uns gesuchten Zusammenhang ihrer Sprach- und Baugestaltungen können wir daher in Goethes Werk näheren Aufschluss erwarten. Hören wir, was Wilhelm Meister nach dem Tode von Mignon im «Saal der Vergangenheit» empfindet, einem Saal, in dem Sarkophage aufgebahrt sind und in dem figürliche Plastiken das Leben der Verstorbenen nachzeichnen:

«Wie angenehm ward man daher überrascht, als diese Erwartung [einer Totengruft] sich in die reinste Heiterkeit auflöste, indem man in einen Saal trat, in welchem Kunst und Leben jede Erinnerung an Tod und Grab aufhoben. [...] Wilhelm konnte sich nicht genug der Gegenstände freuen, die ihn umgaben. ‹Welch ein Leben›, rief er aus, ‹in diesem Saale der Vergangenheit! Man könnte ihn ebenso gut den Saal der Gegenwart und der Zukunft nennen. So war alles und so wird alles sein!› [...] Es war eine Welt, es war ein Himmel, der den Beschauenden an dieser Stätte umgab, und außer den Gedanken, welche jene gebildeten Gestalten erregten, außer den Empfindungen, welche sie einflößten, schien noch etwas andres gegenwärtig zu sein, wovon der ganze Mensch sich angegriffen fühlte. [...] ‹Was ist das›, rief er aus, ‹das, unabhängig von aller Bedeutung, frei von allem Mitgefühl, das uns menschliche Begebenheiten und Schicksale ein-

50 Vgl. ders.: *Kunst im Lichte der Mysterienweisheit* (GA 275), Dornach ³1990, S. 5ff., Vortrag vom 30. Dezember 1914.

flößen, so stark und zugleich so anmutig auf mich zu wirken vermag? Es spricht aus dem Ganzen, es spricht aus jedem Teile mich an, ohne dass ich jenes begreifen, ohne dass ich diese mir besonders zueignen könnte! Welchen Zauber ahn' ich in diesen Flächen, diesen Linien, diesen Höhen und Breiten, diesen Massen und Farben!›»[51]

Liegen in dieser Schilderung nicht Ahnungen eines Innenraumes, der das Tod überwindende Leben in seinen Gestaltungen trägt? An einer anderen Stelle in Goethes Werk sehen wir den Bruder Markus, wie er das Kreuz mit Rosen umwunden in der Abenddämmerung betrachtet. In einer nachgelassenen fragmentarischen Fortsetzung der *Geheimnisse* schildert nun Goethe noch einmal ganz ähnliche Empfindungen wie die eben gehörten. Bruder Markus befindet sich im Innenraum jenes Rosenkreuzer-Baues:

> Wohin er auch die Blicke kehrt und wendet,
> Je mehr erstaunt er über Kunst und Pracht,
> Mit Vorsatz scheint der Reichtum hier verschwendet,
> Es scheint, als habe sich nur alles selbst gemacht.
> Soll er sich wundern, dass das Werk vollendet?
> Soll er sich wundern, dass es so erdacht?
> Ihn dünkt, als fang' er erst, mit himmlischem Entzücken,
> Zu leben an in diesen Augenblicken.[52]

Die Sprachkunst des «Kopernikus der Wissenschaft vom Lebendigen» führt uns in die Keimregion eines Baustils, in dem die Stoffgesetze des Todes überwunden sind und der dann durch Rudolf Steiner ans Licht trat. Inzwischen weiß man, dass diese Strophen aus *Wilhelm Meister* ursprünglich zu dem Gedicht *Die Geheimnisse* gehören.

«Es scheint, als habe sich nur alles selbst gemacht [...] ihn dünkt, als

51 Johann Wolfgang von Goethe: *Wilhelm Meisters Lehrjahre*, in ders.: *Werke Bd. VII*, Hamburger Ausgabe in 14 Bänden, München 1981, 8. Buch, 5. Kap., S. 540ff.

52 Ders.: *Werke Bd. II*, S. 281. Siehe auch Hans Wahl: *«Grund meines Daseins». Ein unbekannter Brief an Charlotte von Stein*, in ders. (Hrsg.): *Alles um Goethe*, Weimar 1956, S. 83.

fang' er erst mit himmlischem / Entzücken, / zu leben an in diesen Augenblicken» – mit diesen Worten sind wir also im Inneren des Rosenkreuzer-Tempels. Goethe war aus der Zukunft inspiriert von einem Goetheanum, wie Rudolf Steiner aus Goethes Geist dessen Impulse weiterentwickelte. «Das Einleben in die Goethesche Geisteswelt konnte Mut dazu geben, gerade die Metamorphosenanschauung wieder in das Künstlerische zurückzuführen. Das half zu dem Baugedanken des Goetheanums.»[53]

An einer dritten Stelle in Goethes Werk wird das Geheimnis, das zwischen diesem Werk und der Anthroposophie webt, offenbar: in seinem *Märchen.* Am Anfang war der in diesem Sprachkunstwerk aus der Erde ans Licht steigende Tempel geborgen. Aus dem *Märchen* wurde durch Rudolf Steiner das Rosenkreuzermysterium *Die Pforte der Einweihung.* Nun waren Menschen vorhanden, die empfanden, wie diese Sprachkunst das Verlangen nach einer zu ihr gehörigen Baukunst hervorruft und den im Mysterienwort verborgenen Tempel spürten. Diese Empfindung verdichtete sich zum Willen, und das erste Goetheanum konnte erscheinen – das «Haus des Wortes».

53 Rudolf Steiner: *Goethe und Goetheanum*, in: *Der Goetheanumgedanke inmitten der Kulturkrisis der Gegenwart. Gesammelte Aufsätze 1921–1925* (GA 36), Basel [2]2014, S. 335f.

Vom Märchen zum Drama

Rudolf Steiner hat bald nach der Uraufführung, am 31. Oktober 1910, berichtet, wie sich in ihm aus dem *Märchen* das erste Mysteriendrama entwickelte.[54]

Das *Märchen* war durch drei Jahrsiebente Gegenstand seiner Meditation: von 1889 bis 1896, von 1896 bis 1903 und von 1903 bis 1910. Er schildert, dass es im ersten Jahrsiebt untertauchte in eine tiefere Schicht des Bewusstseins, wie ein «Gang in die Unterwelt». In der zweiten Phase lebte es wieder hinauf in eine mittlere Seelenschicht. In der dritten Phase, von 1903 bis 1910, erhob es sich in eine geistige Schicht, aus der es dann als das erste Mysteriendrama inspiriert wurde.

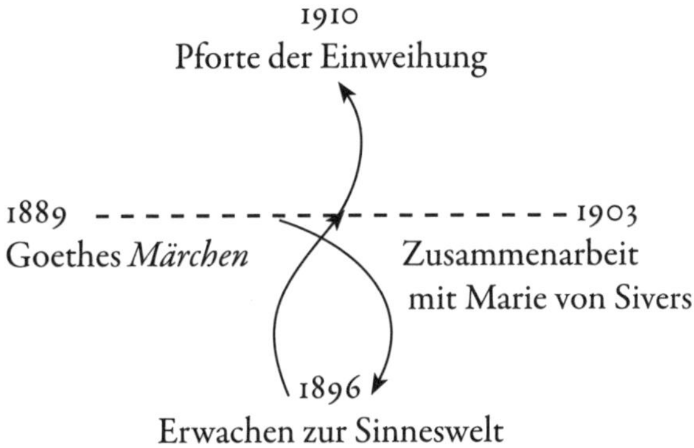

Wir wissen, dass sich Rudolf Steiners Seelenkonfiguration um das Jahr 1896 umgestaltete, derart, dass er erst von jetzt an so Interesse für die physische Sinnes-Welt entwickelte, wie die gewöhnlichen Zeitgenossen. In der Zeit davor musste er sich aus seiner primär geistigen Erfahrungswelt mit Mühe zur physisch-sinnlichen Wahrnehmung hinbegeben. 1903 kann man als das Jahr sehen, in der die künstlerische Zusammenarbeit mit Marie Steiner begann. Im Jahre 1910 fand die Uraufführung des verwandelten *Märchens* statt.

54 Vgl. Rudolf Steiner: *Wege und Ziele des geistigen Menschen* (GA 125), Dornach ^{2}1992, Vortrag vom 31. Oktober 1910.

Von den Grundlinien der Goetheschen Weltanschauung zu den sieben Säulen des Goetheanum

Auch das überraschende Erscheinen der sieben Säulen im Werk Rudolf Steiners können wir mit der Frage beleuchten: Welche Entwicklungsschritte fanden statt in den drei Jahrsiebenten, die vor 1907 lagen?

1886 erschien sein Buch *Grundlinien einer Erkenntnistheorie der Goetheschen Weltanschauung*, 1893 im November die *Philosophie der Freiheit*. 1900 begann er zum ersten Mal aus der geistigen Welt unmittelbar heraus zu sprechen, und zwar über Goethes *Märchen*. 1907 erschienen die Säulen in München. Erst ergriff er Goethes Denken und stellte es in das Selbsterkennen des modernen Menschen. Dann stellte er die beiden geistigen Säulen – die Wissenschaft der Freiheit und die Wirklichkeit der Freiheit – auf den Boden der fünften Kulturepoche. Schließlich öffnet er das Tor zur geistigen Welt am 29. September 1900 durch Goethes *Märchen*. In diesem ist der Tempel noch verborgen, der dann 1907 aufstieg ins Licht der physischen Erscheinung.

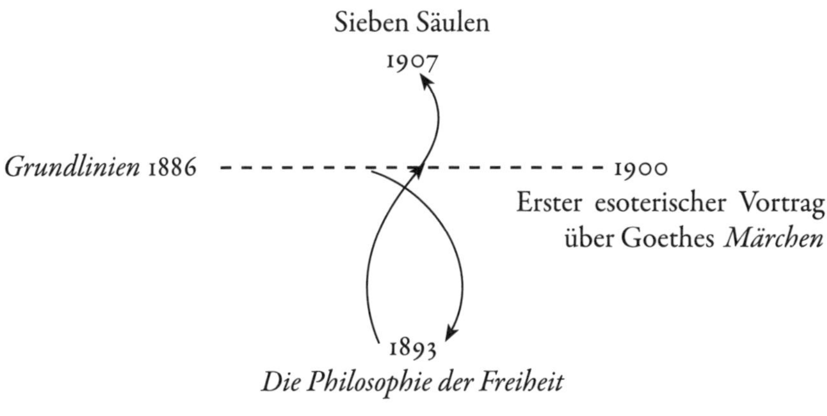

Wir fassen zusammen: Das geistige Goetheanum bauen heißt, Anthroposophie schaffend verwirklichen. Erfassen wir mit dem Inhalt der anthroposophischen Gedanken auch künstlerisch die Formen, in denen sie leben, dann befruchtet der Gedanke Willenskräfte, die zu seiner Verwirklichung streben. Vom Gedanken zum Bild führt uns das Leben der Sprachformen.

In diesem Bildschaffen erwachen Willenskräfte, die im Anschauen der Bauformen sich selbst erfassen und zur Tatkraft erstarken können. So gelangen wir zu den Worten der blauroten Säule:

Verdichtest du das Gefühl zum Licht
Offenbarst du die formende Kraft.

Verdinglichst du den Willen zum Wesen
So schaffest du im Weltensein.[55]

55 GA 284, S. 41.

3. Goethes Leben und das Goetheanum

Augenzeugen des ersten Goetheanum berichten, dass sein inneres Farbenmeer der erste überwältigende Eindruck war, dem man bei Betreten des Saales ausgesetzt war. Die farbigen Fenster strahlten grüne, blaue, violette und purpurrosa Flächen zwischen die Säulen herein. Hatte das Auge sich eingelebt, zeigten sich die Schatten der Säulen farbig getönt. Was im Auge als Nachbild entstand, erschien als farbiger Schatten draußen – im Raum. Das Auge sah somit seine eigene Lebenstätigkeit sinnlich-übersinnlich. In den Kuppeln wurden die Farben schöpferisch. Sie bildeten, sich begegnend und durchdringend, Gestalten. In dieser Malerei, wie in den Fensterfarben, ihrer Anordnung und ihren farbigen Schatten, verwirklichte sich die Farbenlehre Goethes, wie Rudolf Steiner sie aufgegriffen und weitergeführt hat.

In den Säulenformen und Architraven sah man plastische Formen rhythmisch auseinander hervorwachsen: unten an den Sockeln in der Kraft des Lastens; oben an den Kapitälen in der Kraft des Tragens. In der Polarität von unten und oben steigerten sich die Formen von West nach Ost in Metamorphosen. Im Osten stand in der Ideengestalt des Baues die Plastik des Menschheits-Repräsentanten, um die herum im Architrav über der Holzgruppe sämtliche Formen seines Innenraumes zusammengefasst waren. Der Mensch selbst erscheint in dieser Plastik als das Wesen der Weltenentwicklung. Dieses zum Wesen gesteigerte Bild der Mitte steht zwischen den Wesen der Polarität: Luzifer und Ahriman. Er ergreift diese Polarität und bringt sie an ihren Ort. Dadurch verwandelt er ihr Wirken vom Bösen ins Gute: die Ur-Metamorphose, in der sich die Weltenentwicklung steigert. Womit Goethes Künstlertum die Wissenschaft befruchtete, das leitete Rudolf Steiner wieder in die Kunst zurück. Lassen wir diesen Kernsatz des Baumeisters noch einmal auf uns wirken: «Das Einleben in die Goethesche Geisteswelt konnte Mut dazu geben, gerade die Metamorphoseanschauung wieder in das Künstlerische zurückzuführen. Das half zu dem Baugedanken des Goetheanums.»[56] Rudolf Steiner steigerte das goetheanistische Anschauen des Lebens in der Natur zur Anschauung des Lebensgeistes.

Aus der Kuppelmalerei im Osten schaute Faust herab, der strebende Mensch. Sein Doppelbild in Blau und Rot auf der südlichen und nördlichen Kuppelhälfte schwebte über dem Bühnenraum, wo das plastisch gestaltete Ur- und Vorbild des strebenden Menschen stehen sollte. Hier können wir uns Szenen aus Goethes *Faust* aufgeführt denken, oder *Die Pforte der Einweihung* als das verwandelt-gesteigerte *Märchen.*

So sehen wir Goethes Sprachkunst, seine Erkenntniskunst des Lebendigen und des Lichtes im ersten Goetheanum weiterwirken. Als Anthroposophie sich ganz in den physischen Raum unserer Zeit verkörpern wollte, verhalf ihr Goethes Geist zur physischen Erscheinung.

Ein Blick auf Goethes Leben mit den Augen von Willem Zeylmans van Emmichoven erhellt dieses Geheimnis.[57] Goethes Schaffen nimmt zu Beginn seiner Biografie in seinen Dichtungen, im Wort, volle Gestalt an. Dieser Strom durchzieht sein weiteres Leben, alle übrigen Fähigkeiten wie ernährend. Aus diesem Leben im Wort bildete sich Goethe im Anschauen der Natur ein Organ für ihre Gesetze.

Als er am Karfreitag-Morgen des Jahres 1787 den Park von Palermo besuchte, trug er den Vorsatz in sich, an seinem *Nausikaa*-Dramenentwurf zu arbeiten. Im Anblick der Pflanzenfülle wurde der Impuls zur Wort-Schöpfung von seinem Erkenntnisdrang ergriffen – und er schaut die Urpflanze, wie sie sich als das webende Ganze in all den Farben und Formen auslebt. «Gestört war mein guter poetischer Vorsatz, der Garten des Alcinous war verschwunden, *ein Weltgarten hatte sich aufgetan.*»[58]

56 Rudolf Steiner: *Goethe und Goetheanum*, in: *Der Goetheanumgedanke inmitten der Kulturkrisis der Gegenwart* (GA 36), Basel ²2011, S. 335f.

57 Vgl. Emanuel Zeylmans: *Willem Zeylmans van Emmichoven. Ein Pionier der Anthroposophie.* Arlesheim 1979, S. 184.

58 Johann Wolfgang von Goethe: *Italienische Reise,* in ders.: *Werke Bd. XI.* Hamburger Ausgabe in 14 Bänden, München 1981, S. 266f. Hervorhebung A.H. Vgl. Armin Husemann: *Die Überwindung der Tierheit im Denken durch die Bildekräfte des Wortes*, in: *die Drei* 9/1987, S. 657-667, hier S. 665. Zum *Nausikaa*-Dramenentwurf vgl. auch Homer: *Odyssee,* VII. Gesang.

Die Entdeckung der Urpflanze steht in der Mitte von Goethes Leben. Immer weiter als Dichter schaffend, wandte er sich im Alter mehr und mehr den Farben zu. Sein Erkenntnisstreben im Alter war erfüllt von der Hingabe an die Farben als Taten und Leiden des Lichtes. Das Urphänomen dieser Tätigkeit erfasst er in dem Scheinen des Lichtes in die Finsternis, in die Trübe. Goethe stieg aus dem Schaffen im lebendigen Wort erkennend abwärts in die Lebenswelt der Organismen und schließlich in die Physik von Licht und Finsternis. «Hinter diesem Leben», schreibt Zeylmans, «erkennt man gegen einen tiefblauen Himmel immer in goldenen Buchstaben die Worte des größten und tiefsten Epos der Menschenliebe: Im Urbeginne war das *Wort,* und das Wort war bei Gott, und ein Gott war das Wort. Dieses war im Urbeginne bei Gott. In diesem war das *Leben,* und das Leben war das *Licht* der Menschen. Und das Licht schien in die *Finsternis,* aber die Finsternis hat es nicht begriffen.» Ein Jahr vor seinem Tode wies er im Gespräch selbst auf Kräfte des Urbeginns in seinem Werk: «meine Farbenlehre ist so alt wie die Welt».[59]

59 Johann Peter Eckermann: *Gespräche mit Goethe in den letzten Jahren seines Lebens,* Zürich 1948, Bd. 24, S. 481, Eintrag vom 18. März 1831.

4. Das Wort des Menschen und sein Bau

Als von dem ersten Goetheanum noch nichts zu sehen war, schrieb der Baumeister in den Entwurf des Innenraums an jede der sieben großen Säulen Worte.[60] Im Westen beginnend lesen wir: «Das Es» auf der ersten, «An Es» auf der zweiten, «In Es» auf der dritten, «Ich» auf der vierten, «Vom Ich» auf der fünften, «Aus mir» auf der sechsten, «Ich ins Es» auf der siebenten Säule. Diese Worte waren später im fertigen Innenraum nirgends zu sehen, bis auf ein einziges: «Ich» stand zweimal geschrieben in der Deckenmalerei der kleinen Kuppel. Der südlich und nördlich abgebildete Faust rang um sein «Ich». Es war das einzige Wort, das überhaupt im Innenraum zu lesen war – das Wort der vierten Säule.

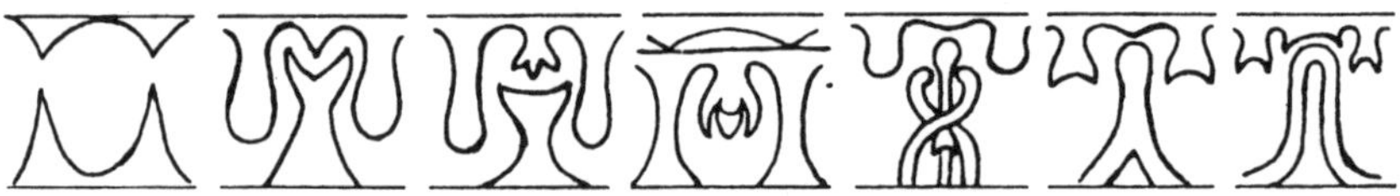

»Das Es» «An Es» «In Es» «Ich» «Vom Ich» «Aus mir» «Ich ins Es«

Die sieben Kapitell-Motive der großen Kuppel, nach Carl Kemper

Um seine umfassende Bedeutung in der gesamten Bauorganisation des Goetheanum zu begreifen, untersuchen wir nun am Menschen, wie er das Wort «Ich» mit seinen Sprachorganen bildet.

Wir beobachten, wie sich die Stellungen der Sprachwerkzeuge zueinander verhalten, indem wir Vokale und Konsonanten erzeugen. Ein Zwischenreich zwischen diesen beiden Lautgruppen sind die stimmhaften Konsonanten. An ihnen kann man beobachten, wie mit ein und derselben Einstellung der über dem Kehlkopf gelegenen Sprachwerkzeuge zwei Laute entstehen: ein Laut durch Hinzutreten des Kehlkopfklanges, ein zweiter ohne Kehlkopf-

60 GA 284, Tafel XXVIII.

tätigkeit. Zum Beispiel W und V.[61] Man kann nun alle zwölf Hauptkonsonanten (B und P, C und CH, D und T, F, G und K, H, L, M, N, R, S und Z, W und V), durchgehen und mit ihnen den Versuch machen, sie entweder *mit* oder aber *ohne* Kehlkopftätigkeit zu sprechen. Bei manchen entsteht kein Laut. Rein stimmhafte Konsonanten wie L oder M können nicht in stimmlose verwandelt werden. Rein stimmlose wie B oder T können nicht in stimmhafte verwandelt werden. Wir stoßen aber an einer Stelle auf einen überraschenden Sonderfall. Es gibt einen stimmlosen Konsonanten, der sich dadurch, dass man zu seiner Einstellung der Sprachwerkzeuge die Kehlkopftätigkeit hinzunimmt, noch tiefer verwandelt als nur in einen stimmhaften Konsonanten. Dieser stimmlose Konsonant verwandelt sich in einen Vokal! Sprechen wir ein helles, scharfes CH; jetzt behalten wir diese Einstellung der Sprachwerkzeuge exakt bei und fügen dann den Kehlkopfklang in den Ausatmungsstrom ein. Dadurch erklingt der Vokal I. Wir können die Gegenprobe machen. Dazu nehmen wir die sieben Hauptvokale nacheinander durch und beobachten, ob es möglich ist, ohne Kehlkopfklang mit der Vokaleinstellung der übrigen Sprachwerkzeuge einen Konsonanten hervorzubringen. Dabei ist zu beachten, dass der Atem stimmlos kräftig durch die übrigen Sprachwerkzeuge hindurchgeht, so stark wie bei stimmlosen Konsonanten. Nicht richtig wäre es im Sinne des Experimentes, den Atem stimmlos so zurückzuhalten, wie ihn die tonerzeugende Stimmritze des Kehlkopfes zurückhält. Bei den Vokalen A, E, O, U, AU, EI, EU, Ä, Ö, Ü entstehen derart nur Atemgeräusche, oder, wenn man will, ein verschieden gefärbtes H.[62] Wir haben aber auch hier den entsprechenden Sonderfall. Spricht man

61 Es sei betont, dass diese Untersuchung nicht vom Gesichtspunkt der künstlerisch-ätherischen Gestaltung aus, also vom sogenannten «Laut-Ansatz» her, sondern vom Gesichtspunkt der physischen Lauterzeugung und zwar derjenigen der deutschen Sprache, gemacht wird.

62 Zwar ergibt sich in diesem Versuch bei allen Vokalen ein verschieden gefärbtes H, also ein Konsonant. Eine eindeutige Umkehr dieses Vorgangs ist aber nicht möglich. Die gewöhnliche H-Stellung ergibt mit Kehlkopfklang ein unklares Vokalgemisch. Wenn nicht, dann hat man vorher schon H auf einen bestimmten gewählten Vokal, zum Beispiel A, eingestimmt. Ebenso verhält es sich mit dem angedeuteten V aus der Stellung der Vokale U und Ü.

ein helles I, nimmt dann den Kehlkopfklang aus dem Atemstrom heraus und schickt den ungebremsten Atem durch die I-Stellung der übrigen Sprachwerkzeuge hindurch, dann ertönt das CH.[63] Die beiden Laute des Wortes «Ich» stehen zueinander also in einer besonderen Beziehung.

Vom Gesichtspunkt der physischen Lauterzeugung aus sind Konsonanten und Vokale zunächst zwei getrennte Reiche. Sprache lebt in deren dauerndem Verbinden. Aus der Anthroposophie wissen wir: die Tierkreiskräfte des Kosmos werden unbewusst ergriffen in der Konsonantenerzeugung; die Planetenkräfte in der Vokalerzeugung. Wenn sich diese beiden Reiche in einer Stellung des Sprachorganismus ineinander verwandeln können, wie wir es für I und CH beobachten, dann zeigt sich in diesen zwei Lauten das innere gemeinsame Wesen von Vokalismus und Konsonantismus, von Tierkreis und Planetenwelt. Was sich in dem I-CH ausspricht, ist allein imstande, die übrigen Konsonanten und Vokale zu verbinden. Denn dazu kann nur eine Wesenheit in der Lage sein, welche die innere Gemeinsamkeit beider Reiche in sich trägt. So können wir das Wort «Ich» in Goethes Sinne als das wahre Urwort, den Typus aller Verbindungen von Vokalen und Konsonanten, als deren innere schaffende Einheit erkennen.

Je nach der Richtung, aus welcher man spricht, ergeben sich aber zwei Worte: «Chi» und «Ich». Ob man den Konsonanten vor dem Vokal oder nach dem Vokal spricht, das ergibt eine entgegengesetzte Geste. Vom Konsonanten in den Vokal hineinströmen ist «Dur», es geht nach außen wie «Chi». Aus dem Vokal in den Konsonanten gehen ist ein Sich-Zurückziehen in die Moll-Geste, ins Innere: «Ich». In Rudolf Steiners Sinne erfassen wir diese musikalisch beobachtete Sprache so:

Konsonant vor Vokal, Chi: «das Geistige durch die Sprache in dem äußeren Objekt draußen aufsuchen»; bzw. Vokal vor Konsonant, Ich: «das Geistige im Inneren nachfühlen».[64]

63 Man unterscheidet ein vorderes CH (wie in «Ich») und ein hinteres (wie in «Ach»). In dem Buch *Sprech- und Sprachstörungen* von Günter Wirth (Köln 1977) steht zu diesem Problem auf S. 64: «[V]orderes ch (ich). Vorderes ch ist nach den Vokalen e und i stimmloser Reibelaut.» Tatsächlich findet man bei E schon einen leisen Anklang von CH. Man kann dies m.E. aber noch nicht als einen eigenständigen Konsonanten bezeichnen, wie das CH nach dem Laut I.

64 Rudolf Steiner: *Heileurythmie* (GA 315), Dornach [5]2003, S. 42, Vortrag vom 14.

Der Grieche gab dem Laut CH in seinem Alphabet den Namen «Chi» und symbolisierte ihn mit dem Kreuz, dem Chiasma, als Schriftzeichen. So bildete er imaginativ jene Kraft ab, welche als Überkreuzung überall im menschlichen physischen Leib die «Ich»-Empfindung entstehen lässt. Man kann das Urwort «Chi» als den imaginativ-lautlichen Ausdruck für die Empfindung der Griechen, «das Geistige in der Außenwelt zu suchen» bezeichnen. In der griechischen Epoche trat der Weltengeist dem Menschen in der Außenwelt verkörpert gegenüber in Jesus Christus. Nach Christi Tod am Kreuz und seiner Auferstehung wendet sich das Verhältnis des Menschen zum Weltenwort um, so dass er das Geistige des Logos «im Innern nachfühlen» kann, als «Ich».[65]

Wenn man ein Bild sucht für diese Überschneidung der im Sprachorganismus sonst getrennten Sphären von Konsonanten und Vokalen, so findet man es im Grundriss des ersten Goetheanum. Die Zwölfheit der kleinen Kuppel mit den geometrisch ruhigen Formen der Throne, die den Konsonanten-Fixstern-Kräften entstammen, überschneidet sich mit der Siebenheit der großen Kuppel. Letztere entstammt den Ursprungswelten der Planeten: den kosmischen Metamorphosen der Erde. In diesen bewegten, unmittelbar zur Seele sprechenden Formen herrscht die musikalische Gestaltungskraft der Siebenheit der Vokale.[66]

April 1921.

65 Im Japanischen heißt Chi (ausgesprochen mit vorderem CH wie in «ich»): «das Geistige, Göttliche», aber auch «Feuer» und «Sonne». Das Wort für «Mensch» heißt *Chito.* «To» heißt «bleiben» oder «halten», «tragen». Das Wort «Mensch» heißt also japanisch «Geistträger», «Sonnenträger» oder auch «Feuerträger». Ebenso wie mehrere japanische Freunde, die meinen Aufsatz in der Erstveröffentlichung (in: *Das Goetheanum* Nr. 29/1981, S. 227f.) gelesen hatten und mich darauf freudig ansprachen, freute ich mich über den Aufsatz von Masao Naka in: *Das Goetheanum* Nr. 35-36/1986, S. 271ff.: *Unterschiedliche Ich-Darstellung im Deutschen und im Japanischen*, dem das hier Erwähnte entnommen ist.

66 Die Formen der großen Kuppel leben in der Entwicklung von Westen nach Osten. Die kleine Kuppel ist geprägt von der Geometrie in den Thronen und den physisch erscheinenden Menschen in der Holzgruppe. So wirkt in der großen Kuppel die Zahl Sieben und der kleinen Kuppel die Zahl Zwölf, im Sinne des «Zahlenäthers».

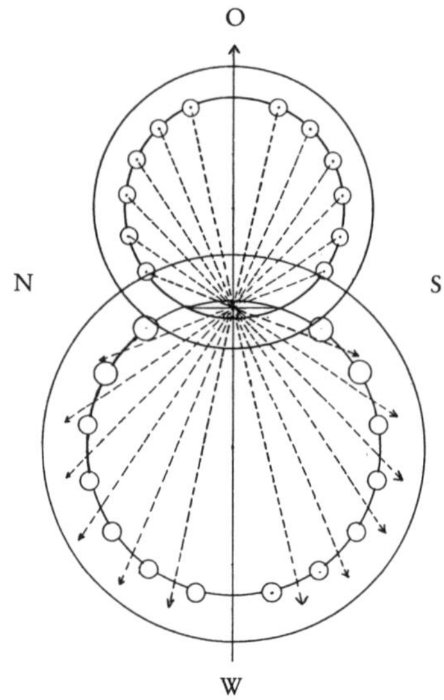

Abb. 1: Grundriss des ersten Goetheanum, nach Carl Kemper.

Der Mittelpunkt der Sehne, welche die beiden Schnittpunkte der Kreise verbindet, ist der konstruktive Knotenpunkt des ganzen Baues. Die Geraden, die von jeder Säule der kleinen Kuppel durch diesen Punkt ziehen, verlaufen immer genau zwischen zwei Säulen der großen Kuppel hindurch. So bildet die Baukonstruktion in diesem Kreuzpunkt sechs Mal ein Chiasma, jenes erwähnte griechische imaginative Bild für den Laut CH. Als siebente Gerade zieht die einzige Symmetrieachse des Baues von Westen nach Osten. Es ist, eurythmisch gesprochen, die I-Linie seines Grundrisses. Diese I-Achse und die sechs Chiasmata haben ihren gemeinsamen Punkt dort, wo die Vokalwelt der großen Kuppel in das Konsonanten-Reich der kleinen Kuppel übergeht. Wo so das Wort ICH entsteht, stellte Rudolf Steiner das Rednerpult in seiner kehlkopfartigen Bildung auf als den Ort der Sprache im Bau. Die Weltensprache, aus welcher der Bau geschaffen wurde, wird Menschensprache an diesem Punkte des Grundrisses. Es ist der Ort des Ich, die einzige gemeinsame Stellung des Sprachorganismus für einen Vokal und einen Konsonanten.

«Der baukünstlerische Gedanke war bisher der Gedanke des ruhenden leblosen Mechanischen, nun aber beginnt der baukünstlerische Gedanke der Gedanke des *Sprechens* zu werden, der Gedanke des innerlich Beweglichen [...]. Dem muss allerdings die Grundform entsprechen.»[67] Darauf wies Rudolf Steiner am 28. Juni 1914 hin, als über den Grundmauern das Gebälk aufgerichtet und das Richtfest gefeiert worden war. Erlebt man gründlich die Dynamik, mit welcher aus dem nördlichen Teil der kleinen Kuppel die südliche Hälfte der großen und wie aus dem südlichen Teil der kleinen Kuppel die Nordhälfte der großen Kuppel heraustritt, indem beide Bewegungen gleichzeitig im Ort des Ich, sich kreuzend, verschwinden und wieder erscheinen, dann darf man sagen: Die große Kuppel erscheint wie aus der kleinen heraus-gesprochen. So entsteht eine Empfindung für die Mittelpunktgruppe[68] in der kleinen Kuppel: das Wort als der Weltenbaumeister. Dieser wollte sich durch eine neue Sprache des Lichtes an die Menschen richten durch die Farben, die Formen und durch die Architektur dieses Baues. Der Mensch soll fortschreiten von dem «im Innern nachfühlen» zu dem Schauen des Christus im Weltgestalten des Lebendigen.

Im vierten Kapitell erscheint das Wort «Ich» in plastischer Sprache. Es ereignet sich in seinen Formen dasselbe, was wir im Grundriss beobachten, nur anders im Raum orientiert: Es schieben sich die in den drei vorherigen Formen getrennten Sphären von oben und unten zusammen. Diese vierte Metamorphose lässt den Blick auf denjenigen Zeitpunkt der Erdenentwicklung fallen, in dem sich der Ich-Logos mit der mineralisch gewordenen Erde verband. Was sich als schaffende Kraft des Ich am Erdengrundriss des Baues räumlich zeigt, offenbart seinen Zeiten-Ursprung im Ätherstrom der Kapitell-Metamorphosen. Es bedurfte aber der Bau, um aus der geistigen Welt heraus sein Ziel in der gegenwärtigen Kultur zu finden, eines Menschen, der seine Taten mit der Sprache der Sterne in Einklang hielt.

67 Rudolf Steiner: *Wege zu einem neuen Baustil* (GA 286), Dornach ³1982, Vortrag vom 28. Juni 1914, S. 78.

68 Vgl. ders.: *Der Baugedanke von Dornach* (GA 289), Basel 2017, Vortrag vom 16. Oktober 1920.

Am 20. September 1913 wurde der Grundstein in die Erde versenkt und damit der Grundriss mit der Erde verbunden. Mit diesem Akt hatte Rudolf Steiner in jenen Wochen so lange gewartet, bis Merkur in der Waage stand. Aus Merkurs Bereich ertönt aber im Menschen der Vokal I. Die Waage-Kräfte bilden in ihm das CH. Merkur stand in der Waage: Die Kraft höchster Beweglichkeit stand im Gleichgewicht. So strahlten in diesem Weltaugenblick die Sterne das Wort in die Erde, welches die zwei Kuppeln zusammenschließt: I-CH.[69]

69 Es gibt dokumentarisch keine eindeutige Zuordnung Rudolf Steiners des Lautes «C» zum Sternzeichen Waage. Die Zuordnung des «CH» zur Waage entstammt den mündlichen Überlieferungen verschiedener Eurythmielehrerinnen der ersten Generation. Ich danke Rosemaria Bock, meiner Eurythmielehrerin von 1956 bis 1959, die sich ein Leben lang mit solchen Fragen beschäftigt hat, für die Bestätigung dieser Zuordnung.

5. Die Verwandlung Luzifers in Goethes und Rudolf Steiners Kunst

Der Mensch war, anthroposophisch betrachtet, ursprünglich zweigeschlechtlich, «androgyn», was in der Mythologie vieler Kulturen nachklingt. Er pflanzte sich in jenen frühen Zeiten, die in der Anthroposophie als die Zeiten der «alten Sonne» bezeichnet werden, durch Selbstbefruchtung fort, wie das manche Tiere und Pflanzen heute noch tun.[70]

Später waren die Bildekräfte des Lebens der zunehmenden Verdichtung der physischen Stoffe nicht mehr gewachsen – es konnte sich nur noch ein Teil des Ätherleibes physisch verkörpern, entweder der männliche oder der weibliche: Im physischen Leib vollzog sich die Trennung der Geschlechter. Der Teil des Ätherleibes, der sich physisch nicht mehr verkörperte, hat seither das andere Geschlecht: Der männliche physische Leib hat einen weiblichen Ätherleib, der weibliche physische Leib hat einen männlichen Ätherleib.[71] Mit denjenigen Ätherkräften, die sich nicht mehr physisch verkörpern konnten, bildete sich der Mensch ein neues physisches Organ, in das der Ätherleib nicht mehr direkt eingreifen kann, dass er – leibfrei – nur noch umspielt: das Gehirn. Rudolf Steiner: «Die Kraft, durch die sich die Menschheit ein denkendes Gehirn formt, ist dieselbe, durch welche sich in alten Zeiten der Mensch befruchtet hat.»[72] Als der Mensch auch im physischen Leib noch zweigeschlechtlich war, konnte er nicht denken. Er lebte das Leben der geistigen Welt selbstlos, aber völlig unfrei und schlafend mit. Was in der Bibel als der Sündenfall beschrieben wird, ist die zunehmende Verkörperung im dicht gewordenen Stoff auf der Erde. Luziferische Wesenheiten waren es, die dem Menschen dazu verhalfen und

70 Vgl. Rudolf Steiner: *Spirituelle Perspektiven. Stichwort Sexualität*, Dornach 2010, S. 7ff. sowie ders.: *Aus der Akasha-Chronik* (GA 11), Basel [7]2018, S. 63.

71 Ders.: *Spirituelle Perspektiven*, S. 15ff.

72 GA 11, S. 64.

ihm die Freiheit des eigenen Denkens schenkten, indem sie ihn zur Absonderung aus der Einheit und dem Kosmos, dem «Paradies», verführten. Irrtum und Schuld waren der Preis für Freiheit und Eigenverantwortung des Menschen.

Erkenntnis als Befruchtung

Im denkenden Erkennen finden wir eine geistige, leibfreie Metamorphose der Fortpflanzung wieder. Die physische Welt dringt durch die Sinne in uns ein. Wir bringen ihr die Kraft des Denkens entgegen. Indem sich Wahrnehmung und Begriff vereinigen, bringen sie die Erkenntnis als «ihr Kind» hervor. Lebt in dieser Erkenntnis ein lebendiges, schöpferisches Denken, wie im atmenden Denken des Künstlers, dann wird das mit der Atmung schwingende Gehirnwasser zur Metamorphose des Fruchtwassers, der Amnionflüssigkeit, in der sich ein lebendiger Ideenorganismus entwickelt, wächst, sich ausgestaltet, wie es ein Künstler oder Philosoph erleben kann. «Ein Blick, der mich an jenes Meer entrückte / das flutend strömt gesteigerte Gestalten»[73] – erlebte Goethe imaginativ vor Schillers Schädel. «Wie beim physischen Befruchtungsakt sich zwei Prinzipien vereinigen, ein männliches und ein weibliches, so auch bei der Hervorbringung, die durch den genialen Menschen bewirkt wird. Der Künstler, der Philosoph: sie nehmen ihren Stoff von außen auf und bringen aus sich die künstlerische, die philosophische Gestaltung, die Form hinzu. Ich glaube mit diesem Satze nicht bloß ein Bild ausgesprochen zu haben, sondern etwas, was im Zusammenhang der Naturerscheinungen seine gute Begründung hat. [...] Die Wollust des Befruchtungsvorganges ist die selbstsüchtige Befriedigung an einer Handlung, die nicht auf das Selbst, sondern auf die ganze Welt geht. Ein Ähnliches bemerken wir auch am Genie. Durch sein Schaffen befriedigt es im höchsten Grade sich selbst. In *diesem* Schaffen liegt die höchste geistige Wollust. Dennoch liegt das Ziel des Schaffens

73 Johann Wolfgang von Goethe: *Werke Bd. I*, Hamburger Ausgabe in 14 Bänden, München 1981, S. 366; vgl. Armin Husemann: *Der hörende Mensch und die Wirklichkeit der Musik*. Stuttgart 2010, S. 65ff. (2. Aufl. in Vorbereitung), sowie ders.: *Der musikalische Bau des Menschen*, Stuttgart ^{4}2003, S. 104ff.

nicht in der Beförderung des eigenen Selbst, sondern in der Mitwirkung an den großen Daseinsnotwendigkeiten der Weltordnung. Auf dieser höchsten Daseinsstufe des Menschen, im genialen Wirken, ist er aus Selbstsucht selbstlos. Hier fallen Egoismus und Altruismus zusammen in einer höheren Einheit.»[74] In diesem Sinne bekennt Goethe: «Wer an sich erfuhr, was ein reichhaltiger Gedanke, sei er nun aus uns selbst entsprungen, sei er von anderen mitgeteilt oder eingeimpft, zu sagen hat, muss gestehen, welch eine leidenschaftliche Bewegung in unserm Geiste hervorgebracht werde, wie wir uns begeistert fühlen, indem wir alles dasjenige in Gesamtheit vorausahnen, was in der Folge sich mehr und mehr entwickeln, wozu das Entwickelte weiter führen solle. Und so wird man mir zugeben, dass ich von einem solchen Gewahrwerden, wie von einer Leidenschaft eingenommen und getrieben, mich, wo nicht ausschließlich, doch durch alles übrige Leben hindurch damit [der Metamorphose der Pflanzen] beschäftigen musste.»[75]

Goethes Schulungsweg

Die leibfreie Dynamik der lebendigen, kosmischen Bildekräfte, die im Denken waltet, erlosch im Laufe der Kulturentwicklung in der Asche des Materiellen. Das Denken vergaß seine eigenen Kräfte und die Welten, in denen es lebendige Wirksamkeit entfaltet. Es verfiel dem Glauben, dass es sich nicht nur den Inhalt, sondern auch die Formen der Begriffsbildungen allein von der physischen Sinneserfahrung diktieren lassen müsse. Das Verhalten lebloser Stoffzusammenhänge wurde das Dogma des wissenschaftlichen Denkens; den Lebenserscheinungen werden bis heute molekulare Mechanismen unterstellt. Berühmt sind die Worte des Professors, in dessen Talar aber Mephisto steckt, zum Studenten von heute:

74 Rudolf Steiner: *Der geniale Mensch*, in: *Methodische Grundlagen der Anthroposophie. Gesammelte Aufsätze 1884–1901* (GA 30), Dornach [3]1989, S. 427f.

75 Johann Wolfgang von Goethe: *Geschichte meines botanischen Studiums*, in ders.: *Naturwissenschaftliche Schriften*, hrsg. von Rudolf Steiner, Dornach [4]1982, Erster Band, S. 80.

Wer will was Lebendigs erkennen und beschreiben,
Sucht erst den Geist heraus zu treiben,
Dann hat er die Teile in seiner Hand,
Fehlt leider! nur das geistige Band.[76]

Goethe hatte das selber als Student genügend erlebt und entdeckte den Weg, wie man das geistige Band findet. «Man erobert sich durch die Metamorphosen-Anschauung das Lebendige. Man belebt das eigene Denken. Es wird aus einem toten zu einem lebendigen. Dadurch aber wird es fähig, das Leben des Geistes anschauend in sich aufzunehmen»[77], so fasste Rudolf Steiner 1923 seine Goethe-Forschung zusammen. Auf seinem Schulungsweg zu diesem Denken erstrebte Goethe nach außen wie nach innen das, was er im Tagebuch und in den intimen Briefen an Charlotte von Stein «Reinheit» nannte. Nach außen schulte er sich im reinen Auffassen der Phänomene: «Man suche nur nicht hinter den Phänomenen – sie selbst sind die Lehre.»[78] Die beleuchtete Trübe wird blau, die durchleuchtete Trübe wird rot – im Urphänomen der Farbenlehre erklärt sich die Natur selbst.

An den Pflanzen beobachtete er in Ruhe ihr Werden im Sprießen, im Sich-Entfalten der Blätter, ihre verfeinerte Rückbildung und ihr Heranrücken an den Stängel, ihre Metamorphosen in die Blüten-, die Staub- und die Fruchtblätter, wo sich die Pflanze wieder blühend ausdehnt in Farbe, Duft und Pollenflug und sich in Frucht und Samen gleichzeitig innen zusammenzieht. Dieses räumliche Atmen der Pflanze in ihrer Zeitgestalt nahm Goethe in seine lebendigen Denkbewegungen auf als das innere Leben der Urpflanze.

In der Steigerung und Verfeinerung der wachsenden Pflanze, in ihrer Hingabe zuletzt an das Sonnenlicht in der Blüte, fühlte er zugleich ein Bild seines inneren seelischen Entwicklungsziels. So schrieb er in seinem Tagebuch 1778 Worte, die das Ringen des Geistesschülers nach Seelenläuterung

76 Johann Wolfgang von Goethe: *Faust. Der Tragödie erster Teil*, in ders.: *Werke Bd. III,* Hamburger Ausgabe in 14 Bänden, München 1981, S. 63, V. 1936–1939.

77 GA 36, S. 337.

78 Johann Wolfgang von Goethe: *Sprüche in Prosa. Einleitung und Anmerkungen von Rudolf Steiner*, Stuttgart 1967, Nr. 165, S. 45.

andeuten: «Dabei müssen wir nichts sein, sondern alles werden wollen [...]. Man muss sich immerfort verändern, erneuern, verjüngen, um nicht zu verstocken» [...], «in schönem, bestätigtem Wesen – still und rein [...]. Bestimmtes Gefühl von Einschränkung und dadurch der wahren Ausbreitung. [...] Heiliges Schicksal, lass mich frisch und zusammengenommen der Reinheit genießen.»[79]

Es war der Rosenkreuzer-Schulungsweg, den Schiller später aus dem Erleben Goethes in die Worte brachte:

> Suchst Du das Höchste, das Größte?
> Die Pflanze kann es dich lehren.
> Was sie willenlos ist, sei du es wollend – das ist's.[80]

Das Opfer der Eigenproduktion im Anschauen der Natur

Als Rudolf Steiner 1917 näher auf die inneren Ursachen der Katastrophe des Ersten Weltkriegs einging, wies er hin auf die Denkweise, die als die «Ursache» des organischen Lebens die molekulare Mechanik unterstellt und nannte dies den «intellektuellen Sündenfall». Er erinnerte daran, wie Goethes Denken diesen Sündenfall schon überwunden hatte. «Das reine Anschauen, das ist dasjenige, was Goethe gesucht haben will. Und den Verstand wollte er nur dazu benützt haben, um die Phänomene so zusammenzustellen, dass sie selbst ihre Geheimnisse aussprechen. Goethe wollte eine hypothesenfreie, eine von Verstandeskombination freie Naturforschung haben. [...] Goethe wollte mit anderen Worten den menschlichen Verstand, den kombinierenden Verstand auch für die Naturforschung jungfräulich machen.»[81]

Wie entdeckte Goethe die Urpflanze? Sie wuchs heran in den Weimarer Jahren. Erstmals schreibt er am 9. Juli 1786 an Frau von Stein: «Es ist kein

79 Peter Boerner: *Johann Wolfgang von Goethe*. Hamburg [10]2012, S. 56.

80 Friedrich Schiller: *Sämtliche Werke Bd. III*, München 1981, S. 198.

81 Rudolf Steiner: *Mysterienwahrheiten und Weihnachtsimpulse. Alte Mythen und ihre Bedeutung* (GA 180), Basel [3]2017, S. 69, Vortrag vom 26. Dezember 1917.

Traum, keine Fantasie; es ist ein Gewahrwerden der wesentlichen Form, mit der die Natur gleichsam immer nur spielt und spielend das mannigfaltige Leben hervorbringt. Hätt' ich Zeit in dem kurzen Lebensraum, so getraut ich mich, es auf alle Reiche der Natur – auf ihr ganzes Reich – auszudehnen.»[82] Während der bald nach diesen Worten angetretenen Italienreise arbeitete die Suche nach der Urpflanze in ihm weiter. In Palermo angekommen, beschäftigte sich Goethe – wie bereits erwähnt – mit einem neuen Drama, *Nausikaa*, einem Stoff aus der *Odyssee*. Im botanischen Garten zog ihn aber die Fülle der Pflanzenformen wieder in den Bann. «Es ist ein wahres Unglück, wenn man von vielerlei Geistern verfolgt und versucht wird! Heute früh ging ich mit dem festen, ruhigen Vorsatz, meine dichterischen Träume fortzusetzen, nach dem öffentlichen Garten, allein, eh' ich mich's versah, erhaschte mich ein anderes Gespenst, das mir schon diese Tage nachgeschlichen.» Angesichts der Fülle der Pflanzen erfasste ihn wieder die Frage, «ob ich nicht unter dieser Schar die Urpflanze entdecken könnte. Eine solche muss es denn doch geben!»[83]

Was war geschehen? Goethe entzog die schöpferischen Kräfte seines Denkens der eigenen poetischen Produktion, richtete sie hinaus in die Anschauung der Pflanzen und erfasste die lebendige Idee der Urpflanze. «Die Urpflanze wird das wunderlichste Geschöpf von der Welt, um welches mich die Natur selbst beneiden soll»[84], heißt es vier Wochen später. Goethe, als Künstler auf seine eigene Produktion verzichtend, opfert seine schöpferischen Kräfte dem reinen Anschauen der Natur. Prägnant bringt er es im Alter dem Physiologen Johannes Müller gegenüber zum Ausdruck: Die Arbeiten an der Gesamtausgabe seiner Werke halten ihn ab «von unmittelbarer Betrachtung der äußeren Natur, in welche ich gegenwärtig nur verstohlene Blicke tun darf, damit der große Reiz, womit sie mich oft an sich zog *und alles Ästhetisch-Produktive verschlang*, mich nicht wieder ergreife und von einem Geschäft ableite, welchem alles Zaudern und Stocken höchst gefährlich werden könnte.»[85] So vereinigen sich in Goethe Kunst und Wissenschaft – vereinigt sich sein fruchtbares, jungfräuliches

82 Brief an Charlotte von Stein vom 10. Juli 1786.

83 Johann Wolfgang von Goethe: *Werke Bd. XI,* S. 266f.

84 A.a.O., S. 324.

85 Brief an Johannes Müller am 23. Februar 1826. Hervorhebung A.H.

Denken mit dem, was aus der Vaterwelt der Natur einstrahlt durch die Sinne. So gebiert die mütterliche Kraft des Denkens den Sohn. «Dadurch [...] beginnt man schon auf dem Gebiete der Naturforschung sich zu dem Sohne hinzuwenden, dass man die Mutter entreißt der Kombinatorik und sich hinwendet zu der Anschauung des reinen, jungfräulichen Urphänomens. Damit sehen Sie, welch tiefer Ernst, welche tiefe Bedeutung in dem eigentlich steckt, was Goetheanismus genannt werden kann [...]. Was liegt denn einer solchen Tendenz wie der Goethe'schen eigentlich zugrunde: den kombinatorischen Verstand nicht zu verwenden auf das äußere Phänomen, sondern dieses in seiner Jungfräulichkeit anzuschauen? Dem liegt zugrunde, dass gerade, wenn man dies tut, [...] dann dieser Verstand nach der andern [Seite] sich wendet, nach der spirituellen Seite hin; und er gebiert den Sohn: die geisteswissenschaftliche Lehre, die zuletzt zum wirklichen Verständnis des Menschen, des ganzen Menschen führt.»[86]

Die Läuterung der Liebe

In Goethes *Faust* ist diese Jungfräulichkeit verkörpert in Gretchen. Sie fällt dem in Faust herrschenden Luzifer zum Opfer – um ihn am Ende zu überwinden. Goethes Ringen, die sinnliche Liebe zu läutern und zu verwandeln in die heilige Liebe zum Göttlichen, nimmt Gestalt an in der Abendszene *Ein kleines reinliches Zimmer*.

Faust hat von Mephisto den Trank aus der Hexenküche im Leibe – eine poetische Veranschaulichung von Luzifers Herrschaft in der sinnlichen Leidenschaft des Blutes. In Gretchens reinlichem Zimmer wird Faust nun aber *auch* von der hohen sittlichen Kraft ihres Wesens ergriffen.

> Wie atmet rings Gefühl der Stille,
> Der Ordnung, der Zufriedenheit!
> In dieser Armut welche Fülle!
> In diesem Kerker welche Seligkeit![87]

86 GA 180, S. 70f.

87 Johann Wolfgang von Goethe: *Werke Bd. III.* Hamburger Ausgabe in 14 Bänden, München 1981, S. 87, V. 2691–2694.

Dies steigert sich, indem der alte Großvatersessel, in den er sich wirft, in seiner Fantasie Gretchen als Kind evoziert:

> Vielleicht hat, dankbar für den heil'gen Christ,
> Mein Liebchen hier, mit vollen Kinderwangen,
> Dem Ahnherrn fromm die welke Hand geküsst.[88]

Durch Fausts Empfänglichkeit für Gretchens moralische Kraft wird der ersehnte Kuss zur Geste der kindlichen Ehrfurcht geläutert. – Dann tritt er an ihr Bett:

> Und hier! (Er hebt den Bettvorhang auf.)
> Was fasst mich für ein Wonnegraus!
> Hier möcht' ich volle Stunden säumen.
> Natur! hier bildetest in leichten Träumen
> Den eingebornen Engel aus!
> Hier lag das Kind, mit warmem Leben
> Den zarten Busen angefüllt,
> Und hier mit heilig reinem Weben
> Entwirkte sich das Götterbild![89]

Was ist geschehen? Er hebt den Bettvorhang und wird von Luzifer in seinem Blut erfasst im «Wonnegraus». Aber sein Genius ruft – «Natur!» – und führt ihn in Gretchens Kindheit, in ihre Unschuld. Aus der Leidenschaft des Blutes nach Gretchens heißbegehrter Brust wird das Kind, «mit warmem Leben den zarten Busen angefüllt».

Neben seiner leidenschaftlichen Begierde lebt in Faust die moralische Kraft seines Geistes. Zwei Schlangen sind es: die schwarze, der sich die weiße gegenüberstellt. Rudolf Steiner gab diesen Merkurstab zur Meditation und sah in ihm Faust, den strebenden Menschen![90]

88 A.a.O., V. 2699–2701.

89 A.a.O., V. 2709–2716.

90 Rudolf Steiner: *Der Dornacher Bau als Wahrzeichen geschichtlichen Werdens und künstlerischer Umwandlungsimpulse* (GA 287), Dornach ²1985, S. 35, Vortrag vom 19. Oktober 1914.

Goethes Streben, Luzifer zu überwinden, wirkt in seiner Kunst und sie lebt in seiner Wissenschaft, wie die oben erwähnte Entdeckung der Urpflanze beispielhaft zeigt. Anstelle einer persönlichen Schöpfung, die anhand der *Odyssee* die vierte Kulturepoche evozieren will, tritt seine originäre Tat, die den Menschen der fünften Kulturepoche den Schlüssel zur organischen Wissenschaft übergibt: Goethe wird der «Kepler und Kopernikus der organischen Wissenschaft»[91].

Kapitell der «Merkursäule» des Ersten Goetheanum

91 Johann Wolfgang von Goethe: *Naturwissenschaftliche Schriften Bd. I*, hrsg. von Rudolf Steiner, Dornach ^{4}1984, S. LXXXIII.

Rudolf Steiners Überwindung Luzifers in der «Philosophie der Freiheit»

Der Eingriff der luziferischen Wesen in die Menschheitsentwicklung während der lemurischen Zeit (siehe S. 49) hatte zur Folge, dass das Bewusstsein der Menschen nicht mehr, wie bis dahin, ein «Spiegel des Weltalls» war. «Im menschlichen Astralleib wurde die Möglichkeit erregt, von diesem aus die Bewusstseinsbilder zu regeln und zu beherrschen. Der Mensch wurde Herr seiner Erkenntnis. Andererseits aber wurde der Ausgangspunkt dieser Herrschaft eben der Astralleib; und das diesem übergeordnete Ich kam dadurch in stetige Abhängigkeit von ihm. Dadurch ward der Mensch in der Zukunft den fortdauernden Einflüssen eines niederen Elementes in seiner Natur ausgesetzt.»[92] Diese Wirkung Luzifers war die Quelle aller folgenden Kulturleistungen in der Atlantis und in den nachatlantischen Kulturepochen von der griechisch-lateinischen Zeit bis ins 20. Jahrhundert. Die Kulturentwicklung, in der sich die Befreiung des Menschen aus der Steuerung durch seine geistigen Schöpfungs-Wesen im Kosmos spiegelt, war also mit einer «Dystopie» der Wesensglieder erkauft: die Beherrschung des Ich durch den Astralleib. Gesundheit setzt voraus, dass das höhere Wesensglied das niedrigere beherrscht, nicht umgekehrt.[93] Der Eintritt des Christus-Geistes in die Erdenentwicklung des Menschen hat diese Krankheit geheilt, ohne aber die dem Ich errungene Freiheit anzutasten. Fortan steht es dem Menschen frei, das luziferisch vermittelte «ich bin» aus der Natur seines Menschseins zurückzudrängen, damit der im Erdenbereich anwesende Geist des Christus an Luzifers Stelle tritt.

Wie das Ich dadurch lernt, seinen Astralleib zu beherrschen und zu verwandeln, das hat Rudolf Steiner in seiner *Philosophie der Freiheit* gezeigt. Von Plato und Aristoteles bis zu den Denkern 19. Jahrhundert hat sich die Philosophie in den Beziehungen von Begriffsbestimmungen selbst zunehmend so von der Welt der Erfahrung abstrahiert, dass ihr Einfluss auf die Kultur schließlich der Naturwissenschaft weichen musste. Das «Phy-

92 GA 13, S. 252.

93 Vgl. Peter Heusser: *Anthroposophie und Wissenschaft*, Dornach 2016, S. 206ff. und S. 250ff.

sikum» ersetzt den Medizinstudenten das «Philosophikum». Wie unfrei, wie leicht steuerbar Menschen werden, die auf eine Ausbildung des Denkens verzichten, zeigt die Stellung der Ärzteschaft im 20. Jahrhundert bis in die Gegenwart.[94] «Verachte nur Vernunft und Wissenschaft, [...] so hab ich Dich schon unbedingt», sagt Mephisto. Rudolf Steiner tat in dieser Situation einen wesentlichen Schritt: Er fasste die in den Gedankenformen und -operationen lebende Denktätigkeit selbst ins Auge und das darin sich selbst erfassende Wesen des Ich. Wie Goethe an Pflanze und Tier die verschiedenen Formen der Organe aus dem flüssigen Leben ihres Typus hervorgehen sah, so erfasste Rudolf Steiner die in den Begriffen der Philosophie lebende Denktätigkeit, welche die Begriffe hervorbringt, ausbildet und miteinander verbindet als das Leben des Denkens. Darin entdeckte er die Fülle des Fühlens und Wollens als die erwachende geistige Wirklichkeit des freien Menschen. Er durchschaute die begrifflichen Abstraktionen, in denen das Denken der Philosophie erstarrt war, als den «stark sich geltend machenden Schatten seiner lichtdurchwobenen, warm in die Welterscheinungen untertauchenden Wirklichkeit. Dieses Untertauchen geschieht mit einer in die Denkbetätigung selbst dahinfließenden Kraft, welche Kraft der Liebe geistiger Art ist.»[95]

Rudolf Steiner hat in seiner Philosophie das Ich aus der Herrschaft des Astralleibes befreit und die Herrschaft des Ich über den Astralleib errungen: «Man muss sich der Idee erlebend gegenüberstellen können, sonst gerät man unter ihre Knechtschaft.»[96]

94 Peter Selg zeigt dies auf in seinem Beitrag *Vorgeschichte, Intention und Komposition* in Peter Selg, Péter Barna (Hrsg.): *Studienkommentare zum medizinischen Werk Rudolf Steiners «Die Zukunft des medizinischen Lebens» (GA 312)*, Basel 2020, S. 316-325.

95 GA 4, S. 143.

96 A.a.O, S. 271.

Der Menschheitsrepräsentant. Von Rudolf Steiner entworfene und mit der Bildhauerin Edith Maryon geschaffene, über acht Meter hohe Holzskulptur.
Abb. gegenüberliegende Seite oben: Pastellskizze von Rudolf Steiner
Abb. gegenüberliegende Seite unten: Zentralmotiv der kleinen Kuppel des Ersten Goetheanum. Deckenmalerei in Pflanzenfarben (Foto: Emil Berger, Solothurn, 1922).

Der dreifache Luzifer in der kleinen Kuppel des ersten Goetheanum

In der plastischen Holzgruppe des Menschheitsrepräsentanten sehen wir auf der linken Seite Luzifer im Bund mit Ahriman. Sie schalten den Menschen aus. Luzifer thront in seiner «ganz Kehlkopf» und «ganz Ohr» gewordenen Gestalt mit einer Haltung der Hände und des Hauptes, die an einen Dirigenten über einem Orchester erinnert. – Wenn rechts davon, in der Mitte der Figurengruppe, der Mensch zwischen Luzifer und Ahriman schreitet, sehen wir aber Luzifer, um 180° gewendet, kopfüber oberhalb der linken Hand des Menschheitsrepräsentanten herunterstürzend, als eine leere Hülle – auch die Augen sind hohl. Lebt er noch? Wirkt er nicht wie die leere Hülle eines Schmetterlings, der geschlüpft ist? Dieses eigenartig gestaltete Geschehen wirft Fragen auf, zumal Ahriman im Vergleich dazu in ziemlich ähnlicher Haltung wie oben unter die Füße des Menschheitsrepräsentanten versetzt erscheint. Des Rätsels Lösung scheint mir in der dritten, bildlichen Darstellung des Luzifers gegeben, die in der kleinen Kuppel über dem Ort der Holzgruppe gemalt war (siehe Abb. auf S. 61).

Dort sehen wir, in Farben gemalt, ein zweites Mal Christus zwischen Luzifer und Ahriman. «Christus» darf man jetzt sagen, denn das Bild ist durch die Erinnerung an die drei Kreuze von Golgatha in die Zeitenwende gestellt. Die als Widersacher zusammenwirkende Luzifer-Ahriman-Gruppe – die links in der Holzgruppe plastiziert ist und den «Humor» über sich benötigt – ist im Bild verschwunden! Während Ahriman auch hier in ähnlicher Haltung erscheint, ist Luzifer völlig verwandelt! Er schwebt aufrecht über dem linken, emporgehaltenen Arm der Christusfigur und hat *dieselbe Haltung der Arme wie Christus!* Er schwingt sich wie ein Feuerwesen hinauf, das von der linken Hand des Christus geführt erscheint.

Was liegt vor angesichts dieser drei Luzifer-Formen? Links in der Holzgruppe: Luzifer ist als Widersacher des Menschen im Blut verkörpert; rechts davon in der Holzgruppe: Luzifer stirbt; wir sehen nur seine leere Hülle; im farbigen Bild darüber: Luzifer aufersteht als ein «Bruder Christi», wie Rudolf Steiner ihn nennt.

Es scheint mir kein Zufall zu sein, dass das Geschehen, das wir hier berühren, ausführlich und erstmals 1909 an Goethes Geburtstag, am 28. August, dargestellt wurde.[97] Luzifer war aus dem Kosmos herabgestiegen als «zurückgebliebene» Wesenheit. Er lebt seither als geistiges Wesen im Blut des physischen Menschen auf Erden – die Folge des «Sündenfalls». Christus blieb lange Zeit als der Führer der Sonnenwesenheiten im Kosmos; dann folgte er Luzifer nach, um die Erdenmenschheit von der Sündenkrankheit zu erlösen. Wenn der von Luzifer befreite Mensch diese Freiheit dazu verwendet, Christus in sein Herz aufzunehmen, dann stirbt Luzifer und aufersteht durch Christus, der an seine Stelle tritt, im Geiste. Indem Christus als kosmisches Wesen ins Innere des Menschen einzog, wurde er dem mystischen Herzensweg zugänglich. Luzifer aber starb in Christus und in seiner Auferstehung wurde er ein kosmisches Wesen. Rudolf Steiner blickt dabei auf die Kräfte des Denkens, die wir der Trennung der Geschlechter, die wir Luzifer verdanken:

«Wird das Gemüt warm und von Enthusiasmus erfüllt für das Göttliche, wenn es verchristet wird, so werden auf der anderen Seite unsere anderen geistigen Fähigkeiten, durch welche wir die Welt verstehen und begreifen, erfassen und einsehen, durchleuchtet, durchströmt und durchkraftet von dem luziferischen Prinzip. So steigt der Eingeweihte des Rosenkreuzes zu dem luziferischen Prinzipe aufwärts. [...] So haben wir eine völlige Umkehr der menschlichen Erkenntnisverhältnisse im Laufe der menschlichen Entwickelung zu verzeichnen: der Christus ist geworden von einem kosmischen Gotte zu einem irdischen Gott, der die Seele der Erde ist in der Zukunft. Der Luzifer ist geworden von einem irdischen Gotte zu einem kosmischen Gott.»[98]

Wenn wir uns erinnern, wie Goethe sich der Pflanzenwelt erkennend gegenüberstellte und in jungfräulicher Geburt den Sohn im Leben der Natur zur Welt brachte, dann sehen wir darin diese Überwindung und Erlösung Luzifers in Goethes Seele. Statt künstlerischer Eigenproduktion in Bildern der griechischen Mythologie, erfasste er mit den Augen des Geistes das Schaffen der Natur! Damit wies aber Goethe gleichzeitig Ahriman, der über die Sinnes-Nerven-Organisation wirkt, in seine Schranken:

97 Vgl. GA 113 (der einzige von Rudolf Steiner selbst korrigierte und mit Anmerkungen versehene Vortragszyklus), Vortrag vom 28. August 1909.

98 A.a.O., S. 123-124 und 127.

«Die Menschheit würde in Materialismus versinken, immerfort in dem Glauben verharren, dass alles nur äußere materielle Welt ist, wenn sie nicht aufstiege zur Inspiration durch das Luziferische Prinzip. Ist das Christus-Prinzip dazu berufen, unser Inneres stärker und stärker zu machen, so ist das luziferische Prinzip dazu berufen, unsere Erkenntnis-Fähigkeiten, die eindringen sollten in die Welt in vollem Umfange, zu schärfen, auszubilden. Immer stärker und stärker für das Begreifen und Erkennen der Welt wird uns Luzifer machen, immer stärker und stärker im Inneren wird uns Christus machen.»[99]

Wenn wir mit Paulus sagen: «Nicht ich, sondern der Christus in mir»[100], dann heißt das: Mein von Luzifer mir gegebenes «Ich bin» stirbt; es macht einen Platz frei – und Christus tritt an seine Stelle. Aber Luzifer aufersteht als die durchchristete Erkenntniskraft der Welt: «Wenn der Mensch den Christus erkennt, wenn er sich wirklich einlässt auf die Weisheit, um zu durchschauen, was der Christus ist, dann erlöst er sich und die luziferischen Wesenheiten durch die Christus-Erkenntnis. [...] Dass der Mensch das kann, dass er imstande ist, den Christus zu erkennen, dass Luzifer in einer neuen Gestalt aufersteht und sich als der Heilige Geist mit dem Christus vereinigen kann, das hat der Christus selbst noch als eine Prophezeiung denen gesagt, die um ihn waren, als er sagte: Ihr könnt erleuchtet werden mit dem neuen Geist, mit dem Heiligen Geist! [...] Dieser Heilige Geist ist kein anderer als der wiedererstandene und jetzt in reinerer, höherer Glorie erstandene luziferische Geist, der Geist der selbstständigen, der weisheitsvollen Erkenntnis.»[101]

In Vorträgen, in denen ich diese Zusammenhänge dargestellt habe, hat sich manchmal Erstaunen und auch Widerspruch erhoben gegen die Vorstellung einer Verwandlung des Luzifers in den Heiligen Geist. Aber die künstlerische Darstellung Rudolf Steiner zeigt ja gerade, dass Christus Luzifer und Ahriman nicht zum Verschwinden bringt. Er wirkt mit ihnen so zusammen, dass er sie an die «richtige Stelle» im Weltganzen versetzt,

99 A.a.O., S. 127-128.

100 Galater 2,20.

101 Rudolf Steiner: *Geisteswissenschaftliche Menschenkunde* (GA 107), Basel [6]2011, Vortrag vom 22. März 1909, S. 254.

dass er vor allem ihr eigenes unmittelbares Zusammenwirken verhindert, indem er sie, im Gleichgewicht gehalten, zu Dienern des Menschen macht. Als Widersacher wollen und können sie den Menschen beherrschen. Durch den Christus im Menschen stehen sie ihm aber zu Diensten. Der durchchristete Mensch macht Luzifer und Ahriman zu Dienern im Menschheitsfortschritt, er gibt ihnen ihren Platz im Weltgeschehen, wie sie ihm die Freiheit gegeben haben.

Der Mensch zwischen Luzifer und Ahriman ist die zeitgemäße Darstellung der Trinität, wie wir heute mit ihr leben. Das heißt: Um der Freiheit willen ist der Vatergott *nicht* «allmächtig» – er hat einen Teil seiner Macht Ahriman gegeben. Nur Christus lebt sich ungeteilt dar, als die allmächtige Liebe. Im Folgenden nennt Rudolf Steiner das Ganze der Trinität «Gott»: «Gott hat behalten die Liebe, geteilt aber hat er die Macht und Weisheit. Die Weisheit hat er geteilt mit Luzifer und mit Ahriman die Macht, damit der Mensch frei sei, damit der Mensch unter dem Einfluss der Weisheit weiterschreiten könne.»[102]

Rudolf Steiners Wege zur Bildgestaltung des Menschheitsrepräsentanten: «Das dritte Bild»

Am 5. Mai 1909 fand in Berlin die Einweihung des neuen Zweigraumes in der Geisbergstraße 2 statt. Der Raum war mit blauem Tuch ausgekleidet und an den Wänden waren Raffaels Stanzen, die «Schule von Athen» und die «Disputà» angebracht. Außerdem standen im Raum die Büsten von Fichte, Schelling, Hegel und Novalis. Letztere hatte zu Rudolf Steiners Bedauern in der Ausstattung des Münchner Kongresses 1907 gefehlt. In seinem Vortrag nennt Rudolf Steiner die Bilder Raffaels «zwei der bedeutendsten Bilder der Welt».[103]

Indem er auf diese Bilder eingeht, kommt es ihm auf den seelischen Ausdruck der dargestellten Menschen an, auf ihre Haltungen, ihre Gesten und Mienen. In der «Schule von Athen» sieht Rudolf Steiner links im Bild

102 Rudolf Steiner: *Erfahrungen des Übersinnlichen. Drei Wege der Seele zu Christus* (GA 143), Dornach 1994, S. 209, Vortrag vom 17. Dezember 1912.

103 GA 284, S. 130ff.

eine Menschengruppe dargestellt, die in frühen geschichtlichen Zeiten Natur naiv auf sich wirken lässt; rechts sind Menschen zu sehen, die das sinnlich Gegebene wissenschaftlich denkend als griechische Philosophie verarbeiten. Zentral im Bild entsprechen diesen beiden Haltungen zur Welt einerseits der ältere, oft «Plato» genannte Greis, der in den Himmel deutet, und der jüngere «Aristoteles», der auf die Erde weist. Auf diese Haltungen weist, wie unbeteiligt kommentierend, eine weiß gekleidete weibliche Figur hin. Ähnlich sieht Rudolf Steiner in der «Disputà» links die frühen Christen mit Gefühl und Enthusiasmus auf den Altar hinweisen. Rechts stehen Repräsentanten der späteren wissenschaftlichen Verarbeitung des religiösen Lebens: Augustinus, Thomas von Aquin, Dante und andere. Auch hier ist es eine Frauengestalt, die mit der linken wie der rechten Gruppe in Beziehung tritt. Rudolf Steiner kommt es auf die geschichtliche Entwicklung an, die in den beiden Bildern als Übergang von links nach rechts dargestellt ist, aber auch in dem Schritt von Griechenland als Höhepunkt der vorchristlichen Kultur zur nachchristlichen Kultur der Renaissance.[104]

Bevor wir auf den Inhalt des Vortrages weiter eingehen, sei bemerkt, wie auffallend die «Disputà» an den Baugedanken des ersten Goetheanum erinnert: Unten, in der physischen Raumsituation, richten sich die Menschen in Seelengesten hin zum Altar im Osten, wie die Säulen und ihr Architrav sich im ersten Goetheanum nach Osten hin entwickelte. Die aus der ätherischen Welt hereinragende «kleine Kuppel» in den Wolken zeigt in der «Disputà» links und rechts des Christus sechs thronende Repräsentanten des Alten und des Neuen Testaments. Je sechs Throne waren links und rechts des Menschheitsrepräsentanten gestaltet. Maria, links des Christus, versetzte den Jesus in die physische Sinneswelt, wodurch dieser im Reiche Ahrimans den Tod überwinden konnte. Durch Johannes den Täufer, rechts des Christus, konnte Jesus dessen Geist in sich aufnehmen, der an Luzifers Stelle trat. So ist in Raffaels Anordnung von Maria und Johannes dem Täufer veranlagt, was in der Gruppe des Menschheitsrepräsentanten in anderer Wesenssprache ausgestaltet wurde.

104 Rudolf Steiners Deutungen der beiden Zentralgestalten schwanken in den Vorträgen, in denen von 1909 bis 1918 dieses Bild erwähnte, zwischen Plato/Aristoteles und Petrus/Paulus. – Im Vortrag vom 5. Mai 1909 lehnt er aber generell eine historische Deutung als unkünstlerisch ab.

In seinem Vortrag betrachtet Rudolf Steiner nun diese «Disputà» «mit geistigen Augen». Er schaut auf Gott Vater, auf den Sohn und darunter auf die weiße Taube als Symbol des Heiligen Geistes inmitten der vier Evangelisten: «Oh diese Taube des Geistes, die sozusagen unter all den christlichen Symbolen ist wie ein großes Rätselsymbolum; es wird in der Trinität durch ein anderes ersetzt werden.» Die Seele, so fährt er fort, welche die Theosophie (Anthroposophie) in sich aufnimmt, wird geistig wieder geboren werden.

«Diese Taube des Geistes wird ihre Form brechen; was da hervorgeht, das wird die Menschenseele sein, die zu ihrem Lebensblut hat jene geistige Weltanschauung, die uns heute als Theosophie (Anthroposophie) entgegentritt. Deshalb scheint es mir gut, dass einmal gerade diese zwei Bilder sichtbar werden können, weil sie zu gleicher Zeit die prophetische Hinweisung sind auf ein drittes Bild.» Die vorchristliche Weltanschauung des Vatergeistes ist in der «Schule von Athen» repräsentiert; was durch Christus, den Sohn wurde, lebt in der «Disputà»:

«Was durch den Geist werden wird, der durch den Christus gesandt ist und der sich seiner Hüllen entledigen wird, das wird sich in dem Bilde ausdrücken, das als ein großes Ideal vor der Seele eines jeden Theosophen (Anthroposophen) stehen kann. Gemalt werden kann es heute noch nicht, denn die Modelle dazu sind noch nicht da. In unseren Seelen selbst aber sollen sich diese zwei Bilder ergänzen zu einer Dreiheit von Bildern.»

Der Maler, der später dieses dritte Bild malen konnte, war «die Menschenseele [...], die zu ihrem geistige Lebensblut hat jene geistige Weltanschauung, die uns heute als Anthroposophie entgegentritt» – sie war in Rudolf Steiner selbst. Er malte das «dritte Bild» als das Mittelmotiv der Fresken in der kleinen Kuppel. Der Heilige Geist ist, wie oben aus anderen Gesichtspunkten aus aufgezeigt, der durch den Christus erlöste und verwandelte – das heißt gestorbene und auferstandene – Luzifer als «vogelartiges Wesen», wie er es 1909 ankündigt, gemalt über der linken Hand des Christus.

Den Menschheitsrepräsentanten selbst in seiner Doppelgeste, nach oben in den Himmel und nach unten auf die Erde, bezieht Rudolf Steiner 1916 auf die beiden Mittelpunkts-Figuren in der «Schule von Athen» auf Platos hinaufweisende und Aristoteles' hinabweisende Geste. In der Renaissance musste dies auf zwei Personen verteilt werden. «Was Sie sehen in einem der größten Kunstwerke der Renaissance auf zwei Personen verteilt, müs-

Raffael: Schule von Athen und Disputà

sen Sie in unserer Gruppe, die geschaffen werden soll, sehen in der einen Person des Menschheitsrepräsentanten: die eine wie die andere Geste!»[105] Rudolf Steiners Weg zum Bild der Zentralgestalt des ersten Goetheanum hängt also mit Erlebnissen zusammen, die er an Raffaels Stanzen hatte.

Rudolf Steiner in Rom

Noch bis vier Wochen vor der Einweihungsfeier in Berlin, vom 24. März bis zum 4. April 1909, war Rudolf Steiner in Rom, und besuchte im Vatikan die Bilder Raffaels im Original, also die 8 x 10 m großen Wandgemälde in der «Camera della Segnatura». «Segnatura» heißt zu Deutsch «Un-

105 Rudolf Steiner: *Innere Entwicklungsimpulse der Menschheit. Goethe und die Krisis des neunzehnten Jahrhunderts* (GA 171), Dornach ^{2}1984. S. 24, Vortrag vom 16. September 1916. Vgl. GA 284, S. 181.

Rudolf Steiner: Deckenfresko des Menschheitsrepräsentanten in der kleinen Kuppel

terschrift». Dieser Raum war ursprünglich das Büro des Papstes Julius II., in dem er seine Erlasse unterschrieb. Seine geistige Vollmacht wurde in diesem Raum zur Tat, wurde Geschichte. Das empfand Rudolf Steiner: «Denken Sie einmal, was in einer empfindenden Seele damals vorging, die auf der einen Seite des Raumes das eine Bild, auf der anderen Seite das andere Bild hatte und sich sagt: Du bist hineinverwoben in diesen Gang der Menschheitsentwicklung; du gehörst auch zu dem, was da geschieht, in dem Sinne, wie es die Bilder darstellen.»[106]

Was hier Rudolf Steiner von Papst Julius II., dem befreundeten Auftraggeber Raffaels, sagt, das galt auch für ihn selbst, der vermutlich mehrfach vor diesen Bildern stand. (Der Aufenthalt währte zwölf Tage für sieben Vorträge.) Denn dass ihn die Theosophin Principessa d'Antuni eingeladen hatte, im Palazzo del Drago neben dem Vatikan Vorträge über das Christentum zu halten, berührte Rudolf Steiner in seinem Schicksal so tief, dass er fünfmal

106 GA 284, S. 129

wiederholt, wie «geschichtlich symptomatisch» diese Einladung war. «In der Nähe dieser Bilder wohnt heute noch derjenige, der für viele Menschen der persönliche Repräsentant des Christentums ist; und gar nicht weit weg von diesen Bildern konnte von mir ein Kursus über Theosophie in den letzten Wochen abgehalten werden vor Leuten, die durchaus gewohnt sind, über die Gegenstände des geistigen Lebens nur Botschaften zu hören von ihren offiziellen Vertretern, in Räumen, in denen eigentlich bisher nur Kardinäle geschritten sind, um über den Sinn des Christentums zu sprechen. Bei Leuten, die also nur gewohnt waren, von ihren Kardinälen über den Sinn des Christentums, über die Mission des Christus auf der Erde zu hören, in Räumen, wo nur von Kardinälen über diesen Sinn gesprochen worden ist, da konnte das Wort der Theosophie gesprochen werden. Das heißt doch nichts Geringeres, als dass an diesem Orte das Bedürfnis entstanden ist, über den Sinn des Christus Jesus aufgeklärt zu werden! Damit ist in der Tat symptomatisch viel gesagt. Damit ist gesagt, dass die Menschen an diesem Orte nicht mehr zufrieden sind mit dem, was ihnen gesagt werden kann von den offiziellen Verwaltern dessen, was sie zur Richtung ihres Herzens gemacht haben. Der Christus Jesus ist größer als eine jede Verkündigung, die sich an ihn anschließen kann. Und diejenigen, die in unmittelbarer Nähe der offiziellsten Vertreter der Verkündigung des Christentums sich befinden, sie wollen heute von der Theosophie hören was der Christus Jesus war, was er für die Welt bedeutet hat.»[107]

Die Principessa d'Antuni del Drago war einerseits Theosophin, anderseits verkehrte sie als Adelige in bestimmten Kreisen des Klerus. Bei Mahlzeiten, die den Teilnehmern an Rudolf Steiners Vorträgen gereicht wurden, platzierte sie die Gäste so, dass immer ein Katholik neben einem Mitglied der theosophischen Gesellschaft saß. Darin zeigt sich, dass es dieser Frau wirklich um die Begegnung zweier Weltströmungen ging, als sie Rudolf Steiner einlud. Und in diesem Palazzo del Drago sprach nun Rudolf Steiner davon, wie der alte christliche Einweihungsweg heute nicht mehr möglich sei, wie der Rosenkreuzer-Weg die christliche Einweihung fortsetze. Er erklärte, worin die hohe Bedeutung und Kraft des Augustinus für das Christentum der katholischen Kirche ihren Ursprung hatte: dass diese davon herrührte, dass er eine Kopie, ein Abbild des Ätherleibes

107 A.a.O., S. 132f., Vortrag vom 5. Mai 1909.

des Christus hatte. Dann heißt es: «Von den großen Dominikanern soll besonderes genannt werden der heilige Thomas, in dem der Einfluss vom astralischen Leib des Christus sich in hohem Maße zeigt, wie wir später noch sehen werden.»[108] Er stellt in Rom dar, wie Thomas von Aquin ein Abbild des Seelenleibes des Christus hatte und sein Denken deshalb die Zweifel, die in Augustinus noch lebten, überwinden konnte.[109]

Wir halten inne. 21 Jahre früher, am 9. November 1888, ging in Wien ein hochgebildeter Repräsentant der katholischen Kirche, der Zisterzienser-Ordenspriester Professor Wilhelm Neumann, auf Rudolf Steiner zu und erklärte ihm: Was er gerade in seinem Vortrag über «Goethe als Vater einer neuen Ästhetik» gesagt habe, das sei ganz die Denkweise des Thomas von Aquin. An diesem Hinweis erwachte der so Angesprochene damals zum Bewusstsein seiner eigenen Identität, mit Thomas von Aquin als einer früheren Inkarnation. 21 Jahre später wird er nach Rom gerufen, um dort das Christentum durch seine Geisteswissenschaft zu erneuern. Wenn er dort mitteilt, dieser habe eine Kopie des Seelenleibens des Christus gehabt, dann spricht er von sich selbst und seiner damaligen Verkörperung. Er sagt damit: «Nicht ich, sondern Christus in mir.» Und wenn er in Berlin auf die beiden Bilder Raffaels hinweist, aus deren Vereinigung ein drittes Bild für den Heiligen Geist geboren werden soll, dann hat er ja in Rom auf der «Schule von Athen» Aristoteles und in der «Disputà» Thomas von Aquin als zwei Persönlichkeiten gesehen, von denen er sich selbst das sagen musste, was er als Empfindung Papst Julius II. unterstellte: «Du bist hineinverwoben in diesen Gang der Menschheitsentwicklung; du gehörst zu dem, was da geschieht ...» Und er fügt hinzu: «Denn mir scheint es durchaus so: Wenn an solchen Orten Theosophie [Anthroposophie] begehrt wird, dann wächst schon da das Christentum durch seine hinaus, oder wenigstens sehnt es sich, hinauszuwachsen zu künftigen Gestaltungen, die es nur erhalten kann durch die theosophische [anthroposophische] Weltströmung.»[110]

Dieses dritte Bild erschien als Deckenfresko in der kleinen Kuppel und

108 Ders.: *Einführung in die Grundlagen der Theosophie* (GA 111), Basel 2018, Vortrag vom 28. März 1909.

109 Vgl. a.a.O., Vortrag vom 31. März 1909.

110 GA 285, S. 132.

entstammt also zum einen den tiefen Erlebnissen karmischer Verantwortung und zum anderen der künstlerischen Befruchtung durch Raffael. Es wurde dann in die physischere Welt als mehrere Tonnen schwere, neun Meter hohe Skulpturengruppe hinunterversetzt, die in der Sprache von Haltung und Geste den Hintergrund von Bildern der neuen Mysteriendramen bilden sollte. Was Rudolf Steiner in Rom erlebte und daraus schaffend entwickelte, darin manifestiert sich der Dreischritt des Rosenkreuzer-Spruches:

Die Schule von Athen	Die Disputà	Der Menschheitsrepräsentant
Aristoteles	Thomas von Aquin	Rudolf Steiner
EDN	ICM	PSSR

Das siebente apokalyptische Siegel
(nach dem Originalentwurf von Rudolf Steiner)

Diese Rosenkreuzer-Sprüche finden sich auch auf dem siebenten apokalyptischen Siegel des Rosenkreuzerbaues, das Rudolf Steiner für München 1907 selbst geschaffen hat. Es hing in Stuttgart zwischen den beiden (siebten) Venus-Säulen dort, wo im Bau von Dornach der Vorhang die kleine Kuppel verdeckte. Es ist das Siegel des heiligen Gral, in dem noch die Taube zu sehen ist.

Nach dem Brand des Goetheanum steigerte sich Rudolf Steiners Entwurfsarbeit für eine Weiterentwicklung der Bühnenkunst in der Johanni-Imagination zu einem plastisch-musikalisch-sprachlichen Gesamtkunstwerk. In ihm erscheint aufs Neue das Bild der Taube, die hier getragen ist vom Geist des «historischen Gewissens»[111].

111 Vgl. ders: *Das Miterleben des Jahreslaufes in vier kosmischen Imaginationen* (GA 229), Dornach [8]1999, S. 63, Vortrag vom 12. Oktober 1923.

Teil 2

Rudolf Steiners Schicksal

6. Die musikalische Dynamik in den plastischen Formen des Goetheanum als «Karma-Schauen weckende Kraft»

Im ersten Goetheanum-Bau entwickelten sich Kapitelle, Sockel und Architrave in stufenweise sich steigernden Metamorphosen, wie Goethe sie im Leben der Pflanzen, der Tiere und im Bau des Menschen entdeckt hatte. Wenn der Baumeister für das Goetheanum-Projekt Verständnis wecken wollte, wies er auf die Bewegungen hin, die eine Form in die nächste überführen, und sprach dann auch von den *musikalischen Kräften,* die als ihr Innenleben diese räumlich erscheinende Metamorphose hervorbringen. Im Folgenden wollen wir dazu anregen, diese Formen daraufhin zu «belauschen».

Jede Kapitell-Form birgt schon dadurch ein Musikalisches in sich, dass in ihr ein oberes Motiv mit einem unteren in Wechselwirkung tritt, dass sich beide in Beziehung setzen wie in einem Intervall.

Betrachtet man Kapitelle und Architrav als Zeitenfolge, dann kann man fühlen, wie mit den sieben Intervallen der Dur-Moll-Skala eine innere Resonanz erklingt. Die *Kapitelle* als solche verkörpern das Intervall als gleichzeitig klingend, während der *Architrav* die melodische Bewegung sichtbar macht, mit der die Seele sich zum folgenden Ton hinüberschwingt. Darin erleben wir spezifische Bewegungsqualitäten – jene Intervall-Gebärden, die auch in der Eurythmie sichtbar werden. Wer die Intervall-Gebärden der Toneurythmie kennt, kann sie, in plastische Gesten metamorphosiert, in den Architrav-Gebärden wiederfinden.

In der *Prim,* die harmonisch auch als Grundton der Skala Bedeutung hat, fühlen wir den Einklang von Oben und Unten; in der «Spiegelung» an der Ost-West-Achse als ein Saturn-Geschehen nach Norden und Süden. Dann sieht man die Architrav-Gebärde von der ersten zur zweiten Säule verlebendigt. Im Kapitell entfaltet sich eine pflanzliche Gebärde. Im

Schritt zur dritten Säule gehen wir vom Lebendigen der Sekund in den inneren Seelenraum der Terz. Diese Architrav-Gebärde erinnert besonders deutlich an die Geste der Dur-Terz in der Eurythmie. Der Schritt zur vierten Säule führt die Seele in sich selbst zurück in der Quart; die Architrav-Gebärde von der dritten zur vierten Säule weckt im musikalisch Fühlenden die Quart-Empfindung wie eine graphisch notierte Partitur. Mit der Quint beginnen sich die Kräfte von unserem Leib abzulösen und frei hinzuströmen, mehr auf eine Außenwelt als auf uns selbst hinweisend. Der Architrav zeigt imaginativ die Bewegung, in welche die Seele stufenweise gesteigert in der Quint, Sext, Septim gerät. Rudolf Steiner spricht hier gelegentlich vom «Finale einer Symphonie»[112].

Im Goetheanum lebt also sichtbare Musik in plastischen Gebärden, die in Resonanz treten mit den Gebärden der Eurythmie auf der Bühne – die Konzeption eines «Gesamtkunstwerks» wird deutlich.

Ein Musikbeispiel soll uns zeigen, wie etwa Wolfgang Amadeus Mozart diese Bildekräfte des Klangäthers zur Geltung gebracht hat, in der Art, wie er die Begleitstimmen seines Themas gestaltet.

Wir hören, wie das bekannte Thema aus der Klaviersonate A-Dur KV 331 von Mozart dort, wo es sich in den ersten fünf Stufen der Skala aufhält, auch in der Begleitung mit dem Singen der Melodie schreitet (Takt 1-8). Aber im oberen Tetrachord der Stufen 5, 6, 7, 8 gerät die Begleitung in eine freiströmende Legato-Bewegung (Takt 9 und 10). Dann wird dieser Strömung mit abgesetzten Akkorden wieder «Einhalt geboten» mit der Rückkehr in die verkörpernde Kraft der Stufen 1–5. Denselben Prozess sehen wir in den fließenden Architrav-Gebärden über den Säulen 4 bis 7 im Vergleich zu den Architrav-Gebärden über den Säulen 1 bis 4! (Vgl. Abb. auf S. 80 und 81.)

Viele andere Beispiele könnten die Bildekräfte der Intervalle, also die Dynamik des Klangäthers, auf ähnliche Art zeigen. Rudolf Steiner ließ sie in die plastischen Formen strömen, die er als Baukunst verkörpern wollte: «Friedrich Schlegel hatte Recht, die Baukunst, die er kannte, eine gefrorene Musik zu nennen. Aber wir leben heute in dem bedeutungsvollen Momente des menschlichen Werdens. Wir leben in dem Momente, wo alles Schaffen andere Gestalt annehmen muss. Und so müssen wir auch die ge-

112 Vgl. GA 286, S. 68.

frorene Form der Baukunst [...] zum Schmelzen bringen. [...] Das, sehen Sie, ist etwas aus dem Baugedanken von Dornach, was da aus der Menschheitsentwicklung heraus sprach: ‹Taue mich auf. Ich bin die gefrorene Musik, – aber ich würde ins Nichts zerfließen, wenn im Auftauen nicht in allen Formen die bewegte Seele [...] hineinführe; [also] das hineinführe, was [...] das eine Kapitell aus dem andern hervorwachsen lässt, wie hervorwächst das eine Blumenblatt aus dem andern, die Form metamorphosisch wandelnd.›»[113]

Das musikalische Atmen

Welche Wirklichkeit kommt aber damit plastisch zur bildhaften Erscheinung? Was kommt im Musikalischen zum Bewusstsein? Als ein Urphänomen der Musik kann der Schritt von einem Ton zum nächsten gelten. Was «Intervall» genannt wird, ist ein inneres, seelisch-kraftendes Gebärde-Erlebnis mit ganz bestimmten Gestaltungsimpulsen; eine raumlose, rein seelisch empfundene Willensgestaltung.[114] Dieses Erlebnis stützt sich auf die leibliche Atmung, wie sie nach oben über das Gehirnwasser zum Innenohr und Gehirn einerseits und nach unten zum Stoffwechsel der Glieder andererseits vermittelt wird. Dieses musikalische Atmen lässt erleben, wie der Mensch zwischen Wachen und Schlafen atmet, zwischen einem physisch verkörperten Willen am Tage (oberer Mensch) und den seelisch-geistigen Willensformen der Nacht (unterer Mensch). Die Nacht kann als das Ur-Intervall im Leben der Seele gelten. Sie schwingt sich von einem Tag zum nächsten wie der Architrav, der sich auf ein Kapitell

113 Rudolf Steiner: *Der Baugedanke von Dornach* (GA 289), Basel 2017, S. 38, Vortrag vom 16. Oktober 1920. Erst zum Zeitpunkt der Drucklegung habe ich die Darstellung von Hilde Raske zu diesem Thema entdeckt (*Das Farbenwort*, Stuttgart 1983, S. 262ff.).

114 Vgl. Victor Zuckerkandl: *Die Wirklichkeit der Musik*, Zürich 1963; Ernst Kurth: *Musikpsychologie* [1931], Nachdruck, Hildesheim/New York 1969; Hermann Pfrogner: *Lebendige Tonwelt*, München 1976; Wilhelm Dörfler: *Das Lebensgefüge der Musik*, Dornach 1992.

Abb. oben: Nordseite der großen Kuppel nach Friedrich Bergmann.
Musikbeispiel: *Thema: Andante grazioso* aus der Klaviersonate KV 331 von Wolfgang Amadeus Mozart. Die grundtonbezogenen Intervalle der Oberstimmen als Zahlen.

niedersenkt, sich in ihm verkörpernd und aussprechend; und sie schwingt wieder in eine Weltennacht (Pralaya) hinüber, um den Ertrag des Weltentages in einen neuen Impuls zu verwandeln. Der Rhythmus von Schlafen und Wachen ist die *seelische* Mittelschwingung zwischen dem *leiblichen* Atmen der Lunge und dem Atmen des *Geistes* zwischen einem Erdenleben und dem nächsten. Im Schlafzustand vergleichen wir jede Nacht, gemeinsam mit unserem Engel, was wir gestern in physischer Verkörperung getan haben, mit demjenigen, was wir an diesem Tag als Ergebnis des vorigen Erdenlebens aus den Intentionen des Schicksals heraus tun wollten. Wenn wir diese geistigen Willensgestaltungen unseres Schicksals bewusst erleben könnten, wären wir in den geistig schaffenden, musikalischen Dissonanzen und Konsonanzen unserer Karma-Gestaltung. Aus den Kräften der Sphärenharmonien heraus haben wir in der großen Nacht zwischen Tod und neuer Geburt unser Schicksal so gestaltet, dass wir unsere Erfahrungen und unser Handeln im vergangenen Erdenleben umgestülpt, umgeschmolzen haben in einen neuen Lebensentwurf. So sind wir, inspiriert durch die göttlich-geistigen Schöpferwesen, «Komponisten» unseres eigenen Karmas. Wir sind aus dem «Geist-Erinnern» der Gliedmaßen des vorigen Lebens schaffend tätig in den symphonisch «wogenden Welten-Werde-Taten, [die] das eigene Ich dem Welten-Ich vereinen».[115] Wir «komponieren» als Sphärenmenschen jene individualisierte «Sphärenharmonie» unseres Karma, die wir dann jede Nacht erneut erleben und dabei erfahren, wie die physischen Taten mit ihr zusammenklingen. «Sie hören [nach dem Tode], wie Sie sich moralisch benommen haben in dieser Erdenwelt. Ihre Moralität wird schöne, Ihre Unmoralität wird hässliche Musik.»[116]

So kann man würdigen, was Schopenhauer vom Wesen des Musikalischen niederschrieb: «[I]n der Melodie [...] erkenne ich die höchste Objektivation des Willens wieder. [...] Sie erzählt [...] die Geschichte des von der Besonnenheit beleuchteten Willens, dessen Abdruck in der Wirk-

115 Vgl. Rudolf Steiner: *Die Weihnachtstagung zur Begründung der Allgemeinen Anthroposophischen Gesellschaft 1923/1924* (GA 260), Dornach [5]1994, S. 60f.

116 Ders.: *Geistige Zusammenhänge in der Gestaltung des menschlichen Organismus* (GA 218), Dornach [3]1992, S. 313, Vortrag vom 9. Dezember 1922.

lichkeit die Reihe seiner Taten ist […].»[117] Rudolf Steiner bestätigte diese Auffassung: «Der Musiker hört unmittelbar den Pulsschlag göttlichen Willens durch die Welt fluten, er vernimmt es, wie sich dieser Wille ausdrückt in Tönen.»[118] Nach dem Geheimnis der musikalischen Formen gefragt, wies Rudolf Steiner Jan Stuten deshalb auf die Gesetze der *Biografie* hin.[119]

Der Pianist Alfred Brendel erlebte solche Tiefen der Musik bei gewissen c-Moll-Kompositionen von Mozart: «In den Partien der c-Moll-Messe und Chören des *Idomeneo*, im Maestoso des Komturs oder im c-Moll-Adagio mit darauffolgender Fuge (KV 546) nimmt die Musik nicht mehr teil: Wie das Schicksal selbst steht sie vor uns da, erhaben, unerbittlich … das Andere, die Übermacht, vor der wir verstummen müssen.»[120] Alfred Brendel war gewiss jeder Gefühlsverschwommenheit unverdächtig. Sein Musizieren wollte im Gegenteil zur Nüchternheit erziehen und atmete Rationalität, wo mancher mehr Wärme erwartete. Aber sein Zeugnis beweist, dass die Menschen, wenn sie Musik aktiv schöpferisch hören, laut Rudolf Steiner unbewusst, in der Seelenverfassung der Anthroposophie sind.[121]

Auch, dass Brendel diese Schicksalsempfindung gerade auf die Moll-Stimmung bezog, ist kein Zufall. Beginnt doch der Mensch, Rudolf Steiner zufolge, historisch erst, mit der Entwicklung des Terzen-Erlebnisses «seine eigene Schicksalsempfindung, die Schicksalsempfindung des gewöhnlichen Lebens mit dem Musikalischen zu verbinden»[122]. Am Architrav des ersten Baues befinden wir uns mit der Terz im Schritt zur Mondensäule. In den musikalischen Qualitäten der Dur- und Moll-Terz ist eine Vergegenwärtigung der Mondenentwicklung verborgen: Das Wohlgefühl des sich selbst Erfühlens («Dur») durch die Absonderung des eigenen Innen-

117 Arthur Schopenhauer: *Werke in 12 Bänden. Bd. III*, herausgegeben von Rudolf Steiner, Stuttgart o.J, S. 110.

118 Rudolf Steiner: *Das Wesen des Musikalischen und das Tonerlebnis im Menschen* (GA 283), Dornach ^{4}1989, S. 21, Vortrag vom 12. November 1906.

119 A.a.O., S. 56f., Vortrag vom 29. September 1920.

120 Alfred Brendel: *Musik beim Wort genommen,* München 1992, S. 26.

121 GA 283, S. 141, Vortrag vom 8. März 1923.

122 A.a.O., S. 125, Vortrag vom 7. März 1923.

raumes vom Kosmos («Moll»). Es ist im Weltgeschehen der Beginn der Karma-schaffenden Schuld durch jenen Entwicklungsmoment, den die Bibel den «Sündenfall» nennt.

«Die Augen wurden ihnen aufgetan» – so spricht die Bibel über diesen Moment (vgl. 1 Mose 3,7). – Die Seele ist in der physischen Welt abgeschnitten von der Geist-Wirklichkeit, die für sie zur «Nacht» wird. Das Auge des Tages übt seither eine überwältigende, suggestive Kraft auf das Wirklichkeitsempfinden des Menschen aus. Der weitaus größte Teil unseres Vorstellungserlebens wird vom Auge beherrscht. Das Auge, selbst ein vorgeschobender Gehirnteil, bindet das Bewusstsein an die äußere Form, an das Gewordene, an das Tote.

Und das hat Folgen für die Begegnung von Mensch zu Mensch. Wir sehen dem anderen in sein «Gesicht», wir sehen seine plastisch-räumliche Gestalt. All das versichert suggestiv: «Da steht der andere!» Dabei sehen wir nichts als das, was an ihm durch vergangenes Leben bis jetzt physisch Gestalt geworden ist – ein Gewordenes, eine «Mumie». Und denkend bilden wir dem anderen gegenüber das Urteil aus den vergangenen Eindrücken und Erfahrungen mit diesem Menschen. Diese «Urteilsmumie» hauchen wir der «Augen-Mumie» unseres Gegenübers ein und schaffen uns eine Art «Gespenst». Der Techniker Dr. Strader schaut in *Der Seelen Erwachen* im 3. Bild diese Gespenster als die Wirksamkeit Ahrimans im Prozess der Sinneswahrnehmung.

Was die in der gegenwärtigen Wirklichkeit vor mir stehende geistige Wesenheit meines Gegenübers aus dem Sternenklang des Weltenwillens heraus *jetzt will*, was sein *Zukunftswesen* ist, das verschlafen wir dem anderen gegenüber. Vergangenheitskräfte und Zukunftskräfte – sie halten sich keineswegs das Gleichgewicht, in der Art wie wir als Menschen einander heute in der physischen Welt gewöhnlich begegnen; denn im Auge herrscht die Übermacht der Vergangenheit. – Dadurch ist auf der Ebene des Fühlens und Wollens das Schicksalsempfinden im sozialen Verkehr der Menschen gelähmt und korrumpiert. Und manche Begegnung hinterlässt im Rückblick eine schmerzlich-peinliche Empfindung, dem anderen nicht gerecht geworden zu sein.

In diese Menschheitsverfassung wollte Rudolf Steiner vom Jahre 1907 an mit den Formen des Goetheanum heilend eingreifen: «Die plastischen Formen der Kapitelle sind Übersetzungen dessen, was der <Seher>

hört. [...] [Sie ergeben sich], wenn der ‹sehende Mensch› die ‹geistige Musik› (Sphärenharmonie), die sein ganzes Wesen durchströmt, auf die formende Hand wirken lässt.»[123] Indem Rudolf Steiner die weltengestaltende Sphärenharmonien in die sichtbaren Formen hineinströmen ließ, begann die Heilung des Blickes in die physische Welt. Durch den heilenden Geist, der in diesen Formen wirkt, soll die Seele lernen, wie und auf welche Art im anderen Menschen, der mir vor Augen tritt, sein innerer Seelenwille pulsiert. Wie klingt das und wohin zielt das, melodische Motiv, das sich zwischen uns als Willensform bewegt? Die sichtbare musikalische Dynamik des Plastischen ist also das künstlerische Stilmittel, um die Ablähmung des Karma-Empfindens zwischen den Menschen zu heilen – der Impuls einer ästhetischen Erziehung des Menschen.

«Der Dornacher Goetheanumbau war im Musikalischen gehalten. Daher ist er als Architektur und Plastik und Malerei vorläufig so wenig verstanden worden. Auch derjenige, der erstehen soll, wird eben aus diesem Grunde schwer verstanden [...].»[124]

«[Es war] dieses Goetheanum [...] die Erziehung zum karmischen Schauen. Diese Erziehung zum karmischen Schauen, sie muss in die moderne Zivilisation hinein. Aber den Feinden dessen, was herein muss in die moderne Zivilisation, denen liegt natürlich daran, dass dasjenige, was im echten, wahren Sinne den Menschen heranerzieht, was notwendig ist für die Zivilisation, abbrennt. [...] Aber hoffen wir, dass in Bälde an derselben Stelle wiederum Karma-Schauen erweckende Formen vor uns stehen!»[125]

123 GA 284, S. 95.

124 Ders.: *Das Initiaten-Bewusstsein* (GA 243), Dornach [6]2004, S. 233, Vortrag vom 22. August 1924.

125 Ders.: *Esoterische Betrachtungen karmischer Zusammenhänge. Zweiter Band* (GA 236), Dornach 1988, S. 96, Vortrag vom 27. April 1924.

Der Mensch als Wesen des Ganzen

Blicken wir zum Schluss dieser Studie auf die nördlichen Formen der großen Kuppel. Im Formenwandel von der ersten bis zur vierten Säule befinden wir uns in physisch gehaltenen Schritten der Lebensverdichtung unserer Vergangenheit. Die strömende Dynamik von der fünften bis zur siebenten Säule strebt in die Vergeistigung, ins Licht der Oktav. In diesem Zeitorganismus der Weltenentwicklung ist das Mysterium von Golgatha, wie es in der «Mittelpunktsgruppe» des Menschheitsrepräsentanten plastisch und darüber im Bild malerisch erscheint, zwischen der vierten und der fünften Säule zu denken. Mit den Augen des Geistes schauen wir, nach Norden blickend, wie in den Schritten 1 bis 4 die nach unten gerichtete rechte Hand des Weltenbaumeisters die Kräfte der Verdichtung dem Menschheitsfortschritt dienstbar macht. Und wir sehen vom 5. bis zum 7. Schritt, wie seine nach oben gerichtete linke Hand Luzifers Liebe zum Geist in die Liebe zur Erde wandelt.

Musik als Kunst des Einweihungsweges

Der Bauzweck des ersten Goetheanum war zunächst vor allem die Darbietung der Mysteriendramen und der Eurythmie. Damit war das Arbeitsfeld Marie Steiners in der kleinen Kuppel das eigentliche Motiv, die inhaltliche Begründung der äußeren Baumaßnahmen, all der ungeheuren Opferarbeit. Diesem Mysterieninhalt sollten die plastischen Formen wie ein sinnlich-übersinnlich lebendiger Lebensraum dienen. Im 9. Bild des Dramas der *Pforte der Einweihung* spiegeln sich die sieben Säulen und ihre Architravformen unüberhörbar.[126] Wir erfassen so die Konzeption des «Gesamtkunstwerks Goetheanum» in seinem musikalisch-sprachlichen Leben.

126 Im 2. Bild erscheint derselbe Gang in einer Moll-Skala.

Die Meditation des Johannes

Prim

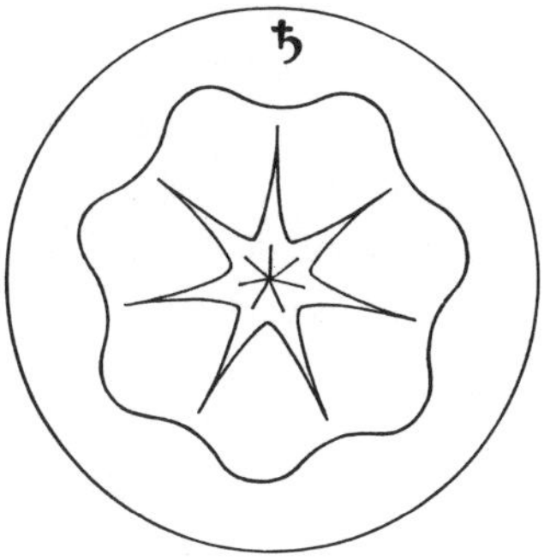

DAS ES

(Es tönt aus Felsen und Quellen
O Mensch, erlebe dich!)

Ich habe sie drei Jahre lang gesucht!
Die mutbeschwingte Seelenkraft,
Die Wahrheit gibt dem Worte,
Durch das der Mensch, sich selbst befreiend, siegen
Und sich besiegend, Freiheit finden kann:
O Mensch, erlebe Dich!

Sekund

AN ES

(Aus Felsen und Quellen tönt:
O Mensch, erlebe dich!)
Sie kündigt sich im Innern an,
nur leise fühlbar meinem Geistgehör.
Sie birgt in sich die Hoffnung,
dass wachsend sie den Menschengeist
aus engem Sein in Weltenfernen führt,
so wie geheimnisvoll sich weitet
das kleine Samenkorn zum stolzen Leib
der Rieseneiche. –
Es kann der Geist in sich beleben,
was in der Luft und was im Wasser webt,
und was den Erdengrund gefestigt.
[...]
Es lebt das ganze Weltenwesen in dem Seelensein,
wenn solche Kraft im Geiste wurzelt,

Terz

IN ES

(Aus Felsen und Quellen tönt:
O Mensch, erlebe dich!)
Ich fühle – wie es tönt in meiner Seele,
Sich regend kraftverleibend.
Es lebt in mir das Licht,
Es spricht um ich die Helligkeit,
Es keimt in mir das Seelenlicht,
Es schafft in mir die Weltenhelle:
O Mensch, erlebe dich!

Quart

ICH

(Aus Felsen und Quellen tönt:
O Mensch, erlebe dich!)
Ich finde mich gesichert überall,
wohin mir folgt des Wortes Kraft.
Sie wird mir leuchten in der Sinnesdunkel
Und mich erhalten in den Geisteshöhen.
Sie wird mich mit dem Seelensein erfüllen
Für alle Zeitenfolgen.
Ich fühle Weltensein in mir,
Und finden muss ich mich in allen Welten
Ich schau' mein Seelenwesen
Durch Eigenkraft belebt in mir.
Ich ruhe in mir selber.
[...]

Quint

VOM ICH

(Aus Felsen und Quellen tönt:
O Mensch, erlebe dich!)
Du lässt mich meine Schwachheit fühlen
Und stellt mich neben hohe Gottesziele;
Und selig fühle ich
Des hohes Zieles Schöpfermacht
In meinem schwachen Erdenmenschen.
Und offenbaren soll sich aus mir selbst,
Wozu der Keim in mir geborgen ist.
Ich will der Welt mich geben
Durch Leben meines eignen Wesens.
[...]

Sext

AUS MIR

(Aus Felsen und Quellen tönt:
O Mensch, erlebe dich!)
Aus lichten Höhen leuchtet mir ein Wesen;
Ich fühle Schwingen,
Zu ihm mich zu erheben.
Ich will mich selbst befrei'n,
Wie alle Wesen, die sich selbst besiegt.

Septim

ICH INS ES

(Aus Felsen und Quellen tönt:
O Mensch, erlebe dich!)
Ich schaue jenes Wesen;
Ich will ihm gleich in Zukunftzeiten werde
Der Geist in mir wird sich befrei'n
Durch dich, erhabnes Ziel.
Ich will dir folgen.
(Maria kommt hinzu.)
Das Seelenauge haben mir erweckt
Die Geisteswesen, die mich aufgenommen
Und sehend in den Geisteswelten
Erfühle ich in meinem Selbst die Kraft:
O Mensch, erlebe dich.

(Aus Felsen und Quellen tönt:
O Mensch, erlebe dich!)
O meine Freundin, du bist hier!

Oktav

MARIA:
Mich trieb meine Seele hierher.
Ich konnte deinen Stern erschauen.
Er strahlt in voller Kraft.

Der achte Selbstaufruf bringt die Begegnung mit Maria, die Wesensbegegnung. Sie ist es selbst, die aus dem Geistgebiet ihrem Freund Johannes diese musikalischen Kräfte wie helfende Arme entgegenstreckt. Sie ist die Oktav, sie hat den Astralleib zum Geistselbst verwandelt. Das heißt: Sie hat ihn im Sinne der orphischen Mysterien aus seiner Tiernatur, die er in physisch-ätherischer Bindung annehmen muss, in seine musikalisch-kosmische Struktur verwandelt.

Zu Astrid – also zu ihrem eigenen Seelenzentrum – spricht sie im 7. Bild:

> Und du auch, Astrid, meines Geistes
> Geliebtes Spiegelbild,
> Erzeuge Dunkelkraft
> Im fließenden Licht
> Dass es in Farben scheine.
> *Und gliedre Klangeswesenheit;*
> *Dass webender Weltenstoff*
> *Ertönend lebe.*
> *So kann ich Geistesfühlen*
> *Vertrauen suchendem Menschensinn.*[127]

Diese musikalischen Formen umgeben den Geistesschüler als Hilfe, die es ihm ermöglicht, sich in seinem «Geistesfühlen» zu orientieren. «Letzten Endes [...] ist wahre Musik in Tönen verlaufendes Daseinsgeschehen, welches ein äußeres Bild desjenigen ist, was bewusst die Seele durchlebt im Initiationsleben»[128] – sie ist die Kunst des Einweihungs-Weges.

Die ganze Gemeinschaft der Zuschauer im Saal identifiziert sich in der Aufführung mit Johannes Thomasius, und sie wird umgeben von dieser Inspirationskraft des in Maria inkorporierten Wesens, auch wenn sie die Augen hinwendet zu Sockeln, Kapitellen und zur Dynamik der Architrav-Bewegung.

127 A.a.O., S. 101. Hervorhebung A.H.

128 GA 275, S. 63, Vortrag vom 30. Dezember 1914.

7. Marie Steiner-von Sivers im Gesamtkunstwerk des Goetheanum

Marie von Sivers erhielt 1910 die Aufgabe, diese Maria als Darstellerin zu verkörpern. Sie erhielt aber dann 1914 auch die Aufgabe, dabei zu sein, als der Baumeister den Architrav im Modell plastizierte. «Jetzt muss ich Inspiratrice sein, wie es der Doktor nennt, das heißt stumme Figur neben ihm, wenn er schafft. [...] Unter der einen Kuppel schafft der Doktor emsig. In Wachs verdichtete Lebenswellen gehen aus einer Form in die andere über; unter der andern Kuppel sitze ich recht unbequem mit Hamerlings Hymnen und inspiriere, bis ich steif werde. Heute habe ich mich etwas davon emanzipiert und einige Briefe geschrieben.»[129] – Das Haus des Wortes ist von seiner inneren Quelle her mit Marie Steiner innig verbunden.

Das Rätsel der Inkorporation

Welches Bild machen wir uns von dieser Individualität? Bekanntlich stellte Rudolf Steiner den Sinn in Frage, eine Biografie über Marie Steiner zu schreiben: «Über Marie Steiner kann man keine Biografie schreiben, denn sie ist kosmisch.»[130] Es ist, als ob ihr *Erdenleben* mit ihrem Wesen weniger zu tun hätte als bei gewöhnlichen Menschen. Wenn man in ihren physischen Lebensdaten allein nichts Wesenhaftes für ihre Biografie findet – könnte es dann ihrem Wesen nicht angemessen sein, sich ihm imaginativ in den

129 Hella Wiesberger (Hrsg.): *Marie Steiner – Briefe und Dokumente*, Dornach 1981, S. 56.

130 Dies.: *Marie Steiners Geistgestalt. Zu Rudolf Steiners Wort: «Über Marie Steiner kann man keine Biografie schreiben, denn sie ist kosmisch.»*, in: *Was in der Anthroposophischen Gesellschaft vorgeht. Nachrichten für deren Mitglieder*, Nr. 51-52/1998, S. 366-368.

Bildern zu nähern, die sie als Maria in den Mysteriendramen verkörpert? Denn sogleich im 3. Bild des ersten Dramas erhält die Maria der Mysterien ein Rätsel ihres Daseins so enthüllt, dass diese Lösung der Aussage, eine gewöhnliche Biografie sei bei Marie von Sivers nicht möglich, genau entspricht: das Rätsel der Inkorporation. Sie muss erfahren: Wendepunkte der Menschheitsentwicklung erfordern, dass sich ein höheres hierarchisches Wesen in einen Menschen inkorporiert.[131]

Durch die «reife Frucht von vielen Leben»[132] hat Maria die Höhe erreicht, dass sie ihre Hüllen und ihre Individualität den Impulsen eines solchen Geistwesens zur Verfügung stellen kann. Eine Inkorporation tritt also nicht *an die Stelle* einer Inkarnation, sondern setzt gerade eine durch viele Inkarnationen erlangte Reife der Individualität voraus.

Die Reihe der Karmavorträge von 1924 beginnt, wie heute durch die Veröffentlichung der Biografie Ita Wegmans allgemein anerkannt ist, mit den Vorträgen *Die Weltgeschichte in anthroposophischer Beleuchtung* – also mit der verhüllten Darstellung der Karma-Schicht der Individualitäten Rudolf Steiners und Ita Wegmans.[133]

Im Herbst 1924 wollte Rudolf Steiner, Hella Wiesberger zufolge, seinen Karmavorträgen eine Darstellung des Inkorporationsgeheimnisses an die Seite stellen. Er begann in seiner letzten Ansprache, die er auf Grund seiner Erkrankung abbrechen musste, diese Art der Verbindung einer höheren hierarchischen Wesenheit mit einer menschlichen Individualität am Beispiel der Persönlichkeit von Novalis zu schildern. Er wies darauf hin, welche Schwierigkeiten Herman Grimm mit der Biografie Raffaels gehabt hatte. Auch nach mehreren Versuchen war Grimm damit nicht zurechtgekommen und sagte – Rudolf Steiner zufolge – dem Sinne nach: «Dasjenige, was man für Raffael persönlich tun kann, ist eigentlich nur dieses, dass man schreibt, wie ein Bild in das andere übergeht so, wie

131 GA 14, S. 60.

132 A.a.O., S. 61.

133 Friedwart Husemann: *Rudolf Steiner und Ita Wegman bei der Weihnachtstagung*, in: *Was in der Anthroposophischen Gesellschaft vorgeht. Nachrichten für deren Mitglieder*, Nr. 53, 1. Januar 1995, S. 329-333. In den Vorträgen *Okkulte Geschichte* wurden diese Zusammenhänge im Jahr 1911 schon einmal dargestellt (GA 216), Dornach 1975.

Elias

Johannes der Täufer

wenn es gemalt worden wäre von einer überirdischen Wesenheit, die eigentlich gar nicht mit ihrem irdischen Leben die Erde wirklich berührt hätte.»[134] Zu der Menschen-Individualität, die sich in Elias, Johannes der Täufer, Raffael und Novalis wiederverkörpert hatte, kam jenes Wesen hinzu, das sich in jeder dieser Inkarnationen wiederum inkorporierte.

Das gemeinsame Phänomen der Raffael-Novalis-Individualität und der Persönlichkeit Marie Steiners ist also, dass ihr Wesen sich nicht in gewöhnlicher Art in ihrem Erdenwirken ausspricht. Nur ein Jahr, nachdem Ita Wegman 1907 beim Münchner Kongress zu einem entscheidenden Karma-Schauen erwachen konnte, hatte auch Marie Steiner ein bedeutsames entsprechendes Erlebnis. Sie berichtet aus dem Jahre 1908: «Es war zu der Zeit, wo Rudolf Steiner mich ermutigte, immer mehr mit der Rezitation herauszutreten. Ich versuchte damals, mich zu Novalis durchzuringen. Ich teilte ihm mit, dass es mir nicht leicht würde, dass ich den Schlüssel zu Novalis noch nicht gefunden hätte. Er gab mir den Rat, mich in die Stimmung der heiligen Nonnen hineinzuversetzen. Die

134 Rudolf Steiner: *Esoterische Betrachtungen karmischer Zusammenhänge. Vierter Band* (GA 238), Dornach [6]1991, S. 171, Vortrag vom 28. September 1924.

Raffael

Novalis

Nonnen halfen mir nicht. Im Gegenteil. Ich wusste nichts Rechtes mit ihnen anzufangen. Da auf einmal hellte es sich auf. Raffaels Gestalten umstanden mich. Das Kind leuchtete auf den Armen der Mutter mit seinen weltentiefen Augen. ‹Ich sehe dich in tausend Bildern, Maria, lieblich ausgedrückt …›. Tönendes Weltmeer ringsherum, Farbenharmonien. Ich sagte zu Rudolf Steiner: Die Nonnen haben's nicht getan. Aber ein anderer hat mir geholfen: Raffael. Jetzt ist mir Novalis ganz durchsichtig. – Ein Leuchten ging über Rudolf Steiners mildes Antlitz. Einige Tage später gab er uns zum ersten Mal das Novalis-Raffael-Johannes-Elias-Geheimnis.»[135]

135 Hella Wiesberger (Hrsg.): *Marie Steiner – Briefe und Dokumente*, S. 33.

«Raffael als Weltmacht» – Das Ringen von Herman Grimm mit der Biografie Raffaels

Wie oben erwähnt, griff Steiner in seiner letzten Ansprache vom 28. September 1924 zurück auf jene Abfolge von Wiederverkörperungen, die sich in Elias, Johannes dem Täufer, in dem Maler Raffael und in dem Dichter Novalis vollzogen hatte. Was er 1908 dann darüber in Vorträgen schilderte, nachdem Marie Steiner ihm ihre Novalis-Raffael-Erfahrung berichtet hatte, kulminierte 1911 in der Kulissengestaltung des ersten Bildes im Drama *Der Hüter der Schwelle:* Porträtbildnisse dieser Kulturträger umrahmten zeitlich geordnet ein Rosenkreuz auf dunkelblauem Hintergrund.

Herman Grimm erfasste Raffaels Wesenheit so tief, dass er daran scheiterte, dessen Biografie zustande zu bringen. Da er bei Michelangelo keine derartigen Schwierigkeiten gehabt hatte, wurde er schließlich zu der Frage geführt, ob dieses Scheitern etwas über die Wesenheit Raffaels aussagen könnte. Hören wir ihn, wie er über Raffael spricht: «Generationen sterben nun, ohne dass sie ihn mit sich nähmen. Er legt seinen Weg durch die Jahrhunderte zurück. Er lebt. Fast scheint es, als ob die ihm vom Schicksal zugewiesene Rolle heute erst beginne.»[136] Er hat «den Papst und die Römer in solches Staunen versetzt, dass alle ihn wie ein vom Himmel kommendes göttliches Wesen ansehen, herabgesandt um die ewige Stadt in ihre alte Majestät zurückzuversetzen [...]. Ein gewisses unpersönliches Element ist seinen Werken eigen, wie denen der antiken Bildhauer. Die Vorsehung hat ihm eine so herrliche Stellung gegeben, dass die Früchte, die an ihm wachsen, in ihrer vollendeten Gestalt zu den fast spontanen Erzeugnissen seiner Zeit gehören, als seien sie ohne Urheber entstanden.»[137]

In seinem späten Essay *Raffael als Weltmacht* lesen wir: «Raffael ist ein Bürger der Weltgeschichte. Wie einer von den vier Flüssen ist er, die dem Glauben der altern Welt nach aus dem Paradiese kamen.»[138] In diesem letzten Versuch gelangt Grimm erstaunlicher Weise zu dem Empfinden, als sei Raffael eher ein Dichter als ein Maler: «Zu diesen Dichtern rechne ich

136 Herman Grimm: *Das Leben Raffaels* (1896), Stuttgart und Berlin ^{6}1927, S. 256.

137 A.a.O., S. 180-182.

138 Herman Grimm: *Raphael. Leben und Werk*, hrsg. von Woldemar von Seidlitz, Essen 1997, S. 452.

Raffael, weniger zu dem Malern und Bildhauern, die als große Künstler vor und nach ihm und mit ihm gearbeitet haben. Die Dichter nehmen ihn als Mitlebenden in ihre Mitte. Was für Worte aber sind es, die ich aus Raffaels Mund etwa zu erlauschen hoffte? Gäbe es Fragen, die er vielleicht anzuhören und zu beantworten willig wäre? Über manches würde er Auskunft geben können.»[139] Tastet sein Forschen hier nicht nach Raffaels nächster Verkörperung als Dichter?

In seinem Ringen mit der «Weltmacht», die er in Raffael wirksam fühlt, greift Grimm zuletzt zu einem kühnen Vergleich, der in unserem Zusammenhang doch Staunen erregen kann: «Dieses Ruhmes genoss Raffael wie kein Sterblicher vielleicht vor und nach ihm. Alexander ließe sich mit ihm vergleichen, der jung wie er und so glänzend eine ungeheure Laufbahn durcheilte und so in seiner Blüte endete.»[140]

Zu welcher Individualität gehören die Mysterienbilder der Maria? Sie inspiriert Johannes Thomasius zu seinem Selbsterkenntnisweg, indem sie den tönenden Weltenstoff gliedert, so dass er harmonisch klingt und zugleich erklingend glitzert, also farbig Bild wird.[141] Das 7. Bild ist «sichtbare Musik» im Geistgebiet und kulminiert im Karma-Schauen des Johannes. Die Frau, die diese Rolle verkörpert, ist gleichzeitig «Inspiratrice» für die musikalisch gegliederten «Lebenswellen der Architrave», die Rudolf Steiner physisch plastiziert. Sie ist das aber so, dass sie selbst davon im Erdenbewusstsein gar nichts weiß. Sie korrigiert Vortragsnachschriften oder liest Hamerling. – Sind das nicht alles Hinweise darauf, dass in Marie Steiner ein Wesen inkorporiert war, welches der eigentliche Vermittler der sichtbaren Welten-Musik des Baues für Rudolf Steiner war?

139 A.a.O., S. 466.

140 A.a.O., S. 305.

141 GA 14, S. 100ff.

8. Marie Steiner, Ita Wegman und die Formen des Goetheanum

Was dem Menschen in einem Erdenleben nur keimhaft gelingt, das will er im nächsten Erdenleben fortsetzen und der Vollendung näherbringen. In Goethes Lebenswerk waren viele Dichtungen vollendet in des Wortes ganzer Bedeutung. Seine naturwissenschaftlichen Schriften waren dagegen Keime. «So dass Goethe wohl wahrscheinlich, wenn er wiederkommen wird in anderer Inkarnation, noch die Möglichkeit finden wird, an dem zu gestalten, was er in dieser Inkarnation gerade aus seinen Naturanschauungen noch nicht hat fertigmachen können.»[142]

Als Ita Wegman (1943) und Marie Steiner (1948) starben, kamen zwei Erdenleben zum Abschluss, in denen ein deutlich sichtbarer, gemeinsamer Keim angelegt wurde: der Wille, im nächsten Erdenleben zu einer wirkungsvollen *Zusammenarbeit* zu kommen.

Da Rudolf Steiner bewusst den karmisch intendierten Zeitpunkt dieser erneuten gemeinsamen Verkörperung mitgeteilt hat[143] – es ist unsere Gegenwart –, soll im Folgenden der Versuch unternommen werden, von Marie Steiner und Ita Wegman eine Art Doppelbildnis zu entwerfen. Das Schicksal beider Frauen ist mit den beiden Erscheinungsformen des Goetheanum derart verbunden, dass darin deren Bauformen das Verhältnis, das beide Persönlichkeiten zueinander und zu Rudolf Steiner hatten, zum Ausdruck kommt.

142 Rudolf Steiner: *Das Karma des Berufes des Menschen in Anknüpfung an Goethes Leben* (GA 172), Dornach [6]2002, S. 53, Vortrag vom 5. November 1916.

143 Vgl. GA 237, Dornach [8]1991, Vortrag vom 28. Juli 1924 und GA 240, Vortrag vom 27. August 1924.

Ita Wegman und die Formen des Goetheanum

Im Jahre 1907 war die Theosophische Gesellschaft in eine Krise geraten. Die Leiterin Annie Besant ging mit ihrer Arbeit und ihrer Lehre zunehmend in eine Richtung, die insbesondere mit der Christus-Auffassung Rudolf Steiners unvereinbar wurde. In diesem Krisenjahr wurde (nach England, Holland und Frankreich) die deutsche Sektion, in der Rudolf Steiner Generalsekretär war, beauftragt, die Jahresversammlung durchzuführen. Er gestaltete diesen Kongress in München mit Marie von Sivers völlig anders, als es den theosophischen Traditionen entsprach. Das wichtigste neue Element dieser Gestaltung waren die sieben Säulen des Rosenkreuzertempels (als Bilder) sowie dazwischen die Siegel der Apokalypse des Johannes. Welche Absicht verfolgte Rudolf Steiner damit?

Die bis dahin einheitliche esoterische Schule hatte sich gespalten. Die Mitglieder hatten sich zwischen zwei Lehrern zu entscheiden. «Streit zwischen Annie Besant und Rudolf Steiner. Dazwischen stand ich»[144], so notierte später Ita Wegman eine Erinnerung an jene Zeit. Sie war seit 1897 Schülerin von Besant gewesen und fand dann zu Rudolf Steiner. Dieser wollte den versammelten Menschen in dieser Lage helfen, aus Freiheit zu demjenigen Lehrer zu erwachen, den sie aus ihren karmischen Untergründen heraus wollten. – Deshalb führte er ihnen diese den Karma-Willen beleuchtenden Formen vor Augen.

Die Wirkung blieb nicht aus: «Ein großer Teil der alten Mitglieder der Theosophischen Gesellschaft aus England, Frankreich, namentlich aus Holland waren innerlich unzufrieden mit den Erneuerungen, die ihnen mit dem Münchner Kongress gebracht worden sind.»[145] Ita Wegman berichtet später: «Ich hatte das eigenartige Erlebnis, zuerst mit Annie Besant zusammenzukommen durch meine Beziehungen zu den holländischen Freunden, unter denen der Fall Steiner eifrig besprochen wurde. Kurz darauf ließ er mich rufen. Ich wusste, ein entscheidender Moment meines Lebens wird stattfinden, ich musste mich entscheiden, entweder voll und ganz den Weg Rudolf Steiners zu nehmen und ihm zu folgen oder bei den

144 J. Emanuel Zeylmans van Emmichoven: *Wer war Ita Wegman? Eine Dokumentation. Bd. I*, Heidelberg 1992, S. 54.

145 GA 28, S. 465.

holländischen Freunden zu bleiben. Er empfing mich ernst, sein Blick war fragend. Es wurde nicht viel gesprochen zwischen uns, wir verstanden uns sehr gut. Ich sagte einfach, weil ich fühlte, dass er von den Dingen wusste: ‹Ich bleibe bei Ihnen.› Darauf antwortete Rudolf Steiner ihr so, dass er ihr Einblick gab in ‹uraltes Karma, das zwischen ihm und mir bestand›.»[146] Sie war zum Karma-Schauen erwacht, indem sie die Kraft gefunden hatte, den alten Bindungen zu den holländischen Freunden zu entsagen und sich ganz nach ihrer inneren Stimme zu richten. Ein wichtiger Schritt zu diesem Erwachen war schon das Erlebnis, das sie in einem Vortrag Rudolf Steiners über Goethes *Märchen* 1902 (oder 1905) in Berlin hatte, der sie zu seiner esoterischen Schülerin machte.[147] Die Hoffnung, die Rudolf Steiner mit den «Karma-Schauen erweckenden Formen» verband, hatte sich damit in diesem entscheidenden Falle des karmisch so eng mit ihm selbst verbundenen Menschen erfüllt. Aber auch die Opposition derer, welche die neuen Formen der Kongressgestaltung ablehnten, kann nicht unbeabsichtigt gewesen sein, denn auch das war ein Erwachen in Bezug auf die eigene karmische Orientierung und Entscheidung zwischen Annie Besant und Rudolf Steiner.[148]

Von diesem Entscheidungsschritt, ganz Schülerin Rudolf Steiners zu werden, dauerte es noch volle 14 Jahre, bis es Ita Wegman möglich wurde, sich zur *Mitarbeit* mit Rudolf Steiner zu entscheiden. Nach der Klinikgründung in Arlesheim am 8. Juni 1921 und anderthalb Jahren intensiver Zusammenarbeit mit Rudolf Steiner dort, kam Ita Wegman am Ende des Jahres 1922 wieder in eine ähnliche Situation wie 1907. Die Anthroposophische Gesellschaft war an einem Tiefpunkt ihrer sozialen Verhältnisse angelangt. Rudolf Steiner war verzweifelt, ja er erwog, sich von dieser Gesellschaft überhaupt zurückzuziehen. Man muss sagen, die

146 J. Emanuel Zeylmans van Emmichoven: *Wer war Ita Wegman? Eine Dokumentation, Bd. I*, S. 296.

147 Peter Selg: *Ita Wegman und München 1907*, in: *Anthroposophie wird Kunst.* München 2008, S. 236. Siehe auch J. Emanuel Zeylmans van Emmichoven: *Die Erkraftung der Herzens,* Arlesheim 2009, S. 27, wo hierfür das Jahr 1905 angegeben wird.

148 Marie Steiner: *Aus der Geschichte unserer Gesellschaft. Vor vier Mal sieben Jahren*, in: GA 284, S. 98.

Karma-Schauen erweckenden Kräfte, die doch soziale Kräfte entbinden sollen, zeigten an den Menschen, die diese Formen nun sieben Jahre in architektonisch-plastischer Kraft sich entfalten sehen konnten, offenbar weniger Wirkung, als Rudolf Steiner sich erhofft hatte. Auch hinderte der Weltkrieg Tausende derer, an die sich diese Formensprache richten wollte, sie zu sehen. Die Wissenschaftler traten zwar tonangebend auf, hatten aber selten den Mut, ihr Denken aus den alten Bahnen herauszureißen und es, bildlich gesprochen, in die Bewegungen des Architravs zu bringen.

Kurz vor Weihnachten 1922 nahm Ita Wegman an einem Gespräch mit Rudolf Steiner und Albert Steffen teil, in dem sich Rudolf Steiner bitter über die Methode der Wissenschaftler beklagte, die Anthroposophie in Denkformen der zeitgenössischen Wissenschaft zu zwingen, statt umgekehrt die naturwissenschaftlichen Ergebnisse zu benutzen, um die ins Zentrum gestellten Forschungsergebnisse der Geisteswissenschaft zu untermauern. Rudolf Steiner sprach von einer inneren Einstellung im Menschen, die dazukommen muss, «den *Geist,* der hinter der Materie steht, wahrzunehmen und ihn voll und ganz zu bejahen. [...] und von dem Mut, der dazu nötig [ist], unbeirrt von den Anfeindungen und Angriffen, ohne Kompromisse für diesen Geist aufzukommen.»[149] Ita Wegman fährt fort: «*Da entstand bei mir der Impuls tief im Herzen, dieses zu tun.*»[150]

Eine Woche später verbrannte das Goetheanum. Ita Wegman blickte an der Seite Rudolf Steiners in das Flammenmeer. Vor seinem geistigen Auge spiegelte sich darin der Brand des Tempels von Ephesus – das weltgeschichtliche Symbol der Geburt Alexanders des Großen. Im Sommer 1923 entstand in England in Ita Wegman die Frage nach einer neuen Medizin für die Gegenwart: «Ich möchte eine Medizin haben, wie sie während der Zeit der Mysterien war»[151], schrieb sie in ihr Notizbuch. Diese michaelische Frage bedeutete für Rudolf Steiner, der innerlich an eine Art von Nullpunkt in der Zusammenarbeit mit der Gesellschaft angelangt war,

149 J. Emanuel Zeylmans van Emmichoven: *Wer war Ita Wegman? Eine Dokumentation, Bd. I*, S. 122. Hervorhebung im Original.

150 Ebd. Hervorhebung A.H.

151 A.a.O, S. 146 und *Bd. II*, S. 216.

einen Neuanfang[152] – durchaus vergleichbar mit jener Frage, die Marie Steiner am Anfang des Jahrhunderts nach einer Vereinigung der Theosophie mit der christlichen Kultur Europas gestellt hatte.[153]

Fassen wir in einem Blick zusammen, wie Ita Wegman 1907 die Bauformen in München auf Bretter gemalt erblickte; wie sie dann diese Formen in Dornach erblühen sah und mit Rudolf Steiner ihr Verbrennen erlebte; und wie sie schließlich in Penmaenmawr von Rudolf Steiner auf die beiden Steinkreise hingewiesen wurde, die den im Erdenäther lebenden Grundriss des verbrannten Goetheanum in geschichtlicher Vorzeit vorausgenommen hatten und jetzt zurückspiegelten – dann dürfen wir den Bauformen an Wegmans stufenweisem Erwachen zum Schicksal ihre Wirksamkeit nicht absprechen.

Der Schritt vom ersten zum zweiten Goetheanum

Der Baugedanke des zweiten Baues wurde am Ende der Weihnachtstagung in seinen Grundzügen von Rudolf Steiner vorgestellt. Im März 1924 wurde der Bau begonnen. Aber nicht nur der Baustoff war ein anderer: Beton statt Holz. Die ganze Richtung, aus der Rudolf Steiners Arbeitsweise ansetzte, war wie umgestülpt. War der erste Bau als reiner Innenraum entstanden, für dessen Außengestaltung des Krieges wegen keine Zeit blieb, so wurde der zweite Bau von außen entworfen. Diese äußeren Bauformen in ihrer Zwiesprache mit der umgebenden Ätherwelt scheinen auch mit der Erdenlandschaft und ihren geologischen Bildekräften im Einklang zu sein. Die Schichten des Schweizer Jura senken sich, wie die Alpen als Ganzes, nach Osten in die Tiefe der Erde ab. Dieser Bergtypus des Schweizer Jura ist, auch durch die Hauptrichtung des Regens von Westen her, im Osten mehr vor «plastizierender» Verwitterung geschützt, während die Gesteinsschichten im Westen stufenförmig abbrechen. Im Rheintal zeigt z. B. der «Hohe Kasten», ein Berg des Alpsteinmassivs, klassisch jene Form, die als Typus der Juraberge gelten kann:

152 Peter Selg: *Rudolf Steiner 1861–1925,* Arlesheim 2012, S. 1761; Thomas Mayer: *Ludwig Polzer-Hoditz. Ein Europäer,* Basel 2008, S. 669.

153 Marie Steiner: *Briefe und Dokumente,* S. 17ff.

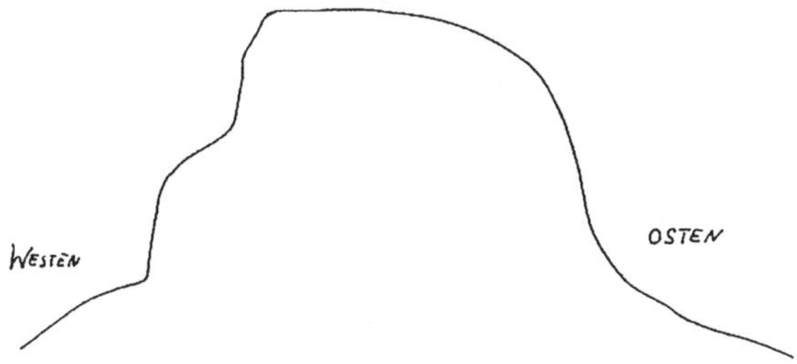

Der zweite Bau verkörpert sich in die Erdengesetze seines Jura-Baugrundes. An jedem anderen Ort würde er wieder anders aussehen. – Der erste Bau konnte an keinen Erdenort angepasst werden. Seine von innen entstandene Doppelkuppel stammt aus dem Kosmos und kann an *jedem* Ort der Erde stehen.

Innerlich und sozial gründet der zweite Bau in dem Fundament der Weihnachtstagung. Für diese war Ita Wegman entscheidend mitverantwortlich. Sie berichtet von der Arbeit Rudolf Steiners am Modell des zweiten Baues: «Als der Zeitpunkt gekommen war [März 1924], zog der Meister seinen weißen Kittel an, bestellte den präparierten Ton und fing an, das Modell des neuen Goetheanums zu modellieren. Fieberhaft arbeitete er, ohne wesentliche Ruhepausen. Ich durfte mit anwesend sein, durfte mit Erstaunen, mit heiliger Scheu miterleben, wie das Modell zustande kam. In drei Tagen war es fertig und stand dann da, eigenartig in seinen strengen, mächtigen und doch schönen Formen.»[154]

Ist Marie Steiner mit dem ersten Bau verbunden, der aus der Bühnenkunst *von innen* her entworfen wurde, so ist Ita Wegman durch ihre Entschlüsse und Fragen ab Sommer 1923 mit dem zweiten Bau der *von außen* in ihrem Beisein modelliert wurde.

Die beiden Bauten können Leitmotive werden, um Bilder zu entwickeln, die zeigen, aus welcher Weltrichtung Marie Steiner und aus welcher Ita Wegman mit Rudolf Steiner zusammenarbeiteten.

Mit Marie Steiner als Mitarbeiterin konnte Rudolf Steiner die Mysterien

154 Ita Wegman: *An die Freunde. Aufsätze und Berichte aus den Jahren 1925–1927*, Arlesheim ²1968, S. 20.

auf dem Gebiet der *Kunst* erneuern. Aus dem gesprochenen Wort strömten die schöpferischen Kräfte der geistigen Welt musikalisch in die Plastik des ersten Baues und verwandelten sich in Farben in den Kuppeln und Fenstern. Mit Ita Wegman konnte Rudolf Steiner die Mysterien im Gebiet der *Wissenschaft* erneuern. Nicht intellektuelles Forschertum, sondern ihr mutvolles Arztsein war die Zielperspektive für die forschenden Wissenschaftler. Ita Wegman arbeitete mit zu Heilmitteln verwandelten Substanzen aus der Mineralwelt, aus Pflanzen und Tieren, um kranke Menschen zu heilen. Sie stand an Rudolf Steiners Seite im Kampf gegen die Kräfte, die den Menschen durch seine Verstrickung in die Materie fesseln. Marie Steiner brachte die durch Rudolf Steiner erneuerte, von Luzifer befreite Kunst in die von ihr organisatorisch aufgebaute Menschengemeinschaft, welche Anthroposophie aufnehmen wollte.

Es manifestieren sich die Wirkensfelder dieser beiden Persönlichkeiten in der auf Seite 103 dargestellten Weise in den beiden Bauten.

Wenn wir diese beiden Lebensphasen der Anthroposophie, wie sie von Rudolf Steiner in die Kultur eingeführt wurde, mit dem Kunstwerk des Menschheitsrepräsentanten beleuchten, dann sehen wir, wie Marie Steiner im Impuls der linken Hand Rudolf Steiners wirkt: Luzifer überwindend für eine neue Kunst, für das geistige Leben aus Freiheit. Und wir sehen, wie Ita Wegman in Rudolf Steiners rechter Hand wirkt, ringend mit Ahriman um heilende Substanzprozesse zur Erneuerung der Medizin. Nicht unerlaubte Identifikationen, sondern eine «Nachfolge Christi», verwandelt in die Gegenwart und Zukunft, steht damit vor uns.

	Erstes Goetheanum	*Zweites Goetheanum*
Baustoff	Holz, als Endprozess kosmischen Lebens (außer Erdgeschoss)	Beton, der «vom Menschen überwundene Stein»
Bauprozess	von innen nach außen	von außen nach innen
Bauzweck	Mysteriendramen, Goethes *Faust* Eurythmie, Vorträge, Hochschule	Mysteriendramen, Goethes *Faust* Eurythmie, Vorträge, Proben- arbeit, Verwaltung, Hochschule
Kultur- auftrag	Mit Marie Steiner entbindet Rudolf Steiner aus dem Menscheninnern die *Formkräfte des Kosmos*, um die gesunde Entwicklung des Seelen-Geistes auf den Weg zu bringen: Die Mysterien verkörpern sich als *Kunst*	Mit Ita Wegman arbeitet Rudolf Steiner an der *Verwandlung der Erdensubstanzen*, die zu Heilmitteln werden des kranken Körperlebens in einer erneuerten Mysterienmedizin: Die Mysterien verkörpern sich als medizinische *Wissenschaft*

Die beiden rosa Fenster

Im folgenden Essay wird betrachtet, wie Rudolf Steiner in der Osterimagination vom 7. Oktober 1923 die medizinischen Mysterien Ita Wegmans in einem fünften Mysteriendrama für die Bühne des zweiten Goetheanum konzipierte, in welchem Raphael mit dem Merkurstab und der heilende Mensch im Zentrum stehen sollten.

Im ersten Goetheanum war im rosa Fenster im Norden schon dasjenige dargestellt, wovon dieses fünfte Mysteriendrama handeln sollte: «Raphael» und der «heilende Mensch» – beide erfassen gemeinsam im Leben der Natur den «heilenden Geist». Tritt ihnen nicht aus dem Pflanzenleben das Antlitz des im Ätherischen lebenden Christus entgegen?

Im linken Fenster des Triptychons sehen wir, wie sich Luzifers Kräfte durch den «heilenden Christus» in Mitleid verwandeln. Im rechten Fenster erlöst der «heilende Christus» Ahriman.

Der Imagination eines fünften Mysteriendramas steht im südlichen Fenster die Imagination der Baukunst gegenüber: «Und der Bau wird Mensch.» Aus dem weiter oben Dargestellten heraus erkennen wir: Das Fenster Marie Steiners steht dem Fenster Ita Wegmans gegenüber. Ihre kosmische Entelechie inspiriert den musikalisch-sprachlichen Bauprozess aus der Sternensprache des Kosmos («Die Welt baut»). Auf dem südlichen rosa Fenster steht der Sänger mit der Leier, dem aus dem Bau der «ätherische Christus» so entgegenleuchtet, wie er dem heilenden Menschen aus

der Natur begegnet. Die erste Sprachdichtung Rudolf Steiners, die er an Marie Steiner richtete, lautete:

> Die Sonne schaue
> Um mitternächtige Stunde
> Mit Steinen baue
> Im leblosen Grunde.

So finde im Niedergang
Und in des Tode Nacht
Der Schöpfung neuen Anfang,
Des Morgens junge Macht.

Die Höhen lass offenbaren,
Der Götter ewiges Wort,
Die Tiefen sollen bewahren,
Den friedevollen Hort.

Im Dunkel lebend
Erschaffe eine Sonne
Im Stoffe webend
Erkenne Geistes Wonne.[155]

155 Zit. nach Peter Selg: *Marie Steiner-von Sivers*, Dornach 2006, S. 50.

9. Rudolf Steiners Schicksal in den beiden Bauwerken des Goetheanum

Das Goetheanum ist nicht vollendet – das ist seine Zukunft

Die gegenwärtige Lage der Menschheit spricht eine deutliche Sprache. Die Gleichschaltung der Medien, die Unterdrückung abweichender Meinungen, der Missbrauch der Medizin zur politischen Verhaltenssteuerung – all das zeigt, dass die Strategie Ahrimans gegen eine durch freie Menschen getragene Kulturentwicklung auf einer neuen Stufe angelangt ist.[156]

Im Licht der Anthroposophie sollte dies weder Angst noch Hass erregen. Das Wirken Ahrimans ist eine notwendige Bedingung für die Entwicklung der Menschheit. Wir müssen in die Seelennot und Seelenleere geführt werden, die Freiheit muss uns entzogen werden, damit wir unser wahres Ich im eigenen Ringen um seine Freiheit finden; damit wir aus innerer Notwenigkeit heraus Christus suchen und finden. Dieser lebt in derselben Erdensphäre wie Ahriman.[157] Keine andere Macht kann die Menschenkultur angesichts der Maschinenkultur Ahrimans retten. Welche Aufgabe haben wir da als Anthroposophische Gesellschaft? Diese Aufgabe ist ebenso weltumfassend wie das globale Wirken Ahrimans. Um den Sinn der Anthroposophischen Gesellschaft zu beschreiben, musste Rudolf Steiner ausholen bis in das Jahr 869 n. Chr.

In der geistigen Welt, welche die physische durchdringt, vollzog sich in den Jahren um das Jahr 869 n. Chr. ein erschütternder Vorgang. In der bis dahin einheitlichen Hierarchie der Angeloi spaltete sich eine Gruppe von Engelwesen unter Ahrimans Gewalt ab, die ihm seither dient. Da jedes En-

156 Peter Selg: *Die Zukunft Ahrimans: und «das Erwachen der Seelen»*, Dornach 2021.

157 Vgl. Rudolf Steiner: *Gegensätze in der Menschheitsentwicklung* (GA 197), Dornach 1967, Vortrag vom 14. November 1920.

gelwesen mit einem Menschen und dessen Schicksalsgestaltung verbunden ist, waren bis dahin bei karmisch verbundenen Menschen immer auch deren Engel geistig miteinander verbunden. Die Spaltung der Angeloi bedeutete, dass das Karma der Menschen in Unordnung gebracht wurde: «Damit ist eines der bedeutsamsten Worte ausgesprochen, dass man überhaupt aussprechen kann mit Bezug auf die neuere Geschichte der Menschheit. [...] Und das Chaotische der neueren Geschichte, was in die neuere Geschichte immer mehr und mehr soziales und anderes Chaos, Kulturchaos hineinbringt»[158], rührt von diesem Ereignis her.

Nun trat ab 1879 aber Michael seine Erdenherrschaft an. Die Menschenseelen, die mit ihren Engeln ihm die Treue gehalten hatten, fanden dadurch auf Erden dann im 20. Jahrhundert die Anthroposophie. Der Kampf Michaels in der Menschenseele mit den ahrimanischen Widerständen hat zum Ziel, dass die Menschen im Lichte des Christus «ihr Karma in Ordnung bringen». Rudolf Steiner fasst zusammen: «Was vereinigt die Mitglieder der Anthroposophischen Gesellschaft? Das vereinigt sie, dass sie ihr Karma in Ordnung bringen sollen! [...] Das ist der kosmische Strahl, der sich deutlich für den Erkennenden durch die Anthroposophische Bewegung ergießt: Wiederherstellung der Wahrheit der Karma! Sehen Sie, damit ist vielen verknüpft von dem, was sowohl Schicksal des Einzelnen in der Anthroposophischen Gesellschaft ist, wie Schicksal der ganzen Gesellschaft.»[159]

Die soziale Funktion der Goetheanum-Bauten

Dieses Schicksal der Anthroposophischen Gesellschaft kommt in der Baugeschichte des Goetheanums anschaulich zur Sprache. Das Wesentliche des Baugedankens ist der Organismus von «sieben Säulen» – von München über Malsch und Stuttgart bis nach Dornach. Wer mit seinem eigenen Willen auf diese Formen des Weltenwillens in seinen Entwicklungsschritten eingehen kann, der kann zu der «Resultante» dieser beiden Willensprozesse erwachen, die wir Karma nennen. «Es war dieses Goetheanum [...] die Erziehung zum karmischen Schauen. Diese Erziehung zum karmischen

158 Siehe GA 237, S. 172, Vortrag vom 8. August 1924.

159 A.a.O. S. 173.

Schauen, sie muss in die Zivilisation hinein. Aber den Feinden dessen, was herein muss in die moderne Zivilisation, denen liegt natürlich daran, dass dasjenige, was im echten wahren Sinne den Menschen heranerzieht, zu dem was notwendig ist für die Zivilisation, abbrennt. Aber hoffen wir, dass in Bälde an derselben Stelle wiederum Karma-schauen erweckende Formen vor uns stehen.»[160]

Vier Gemeinsamkeiten der beiden Goetheanum-Bauten

Dem zweimal erschienenen Baugedanken des Goetheanum gegenüber kann man in Goethes Haltung fragen: Ist in der Verwandlung vom ersten zum zweiten Bau ein gemeinsamer Typus zu erkennen?

Für den Innenausbau wurde schon erwähnt, dass sämtliche Vorformen in München, Malsch und Stuttgart *den Typus der Sieben Säulen* gemeinsam haben. Als weitere Tatsache liegt vor, dass *der Grundstein* des ersten Baues auch dem zweiten zugrunde liegt und zunächst daran gedacht war, den zweiten Bau auf dem erhalten gebliebenen Beton-Untergeschoss des abgebrannten ersten Goetheanums zu errichten.[161] Das Schicksal der Anthroposophischen Gesellschaft hat aber auch mit sich gebracht, dass die plastische Holzgruppe des Christus zwischen Luzifer und Ahriman *nicht* verbrannt ist. Man kann ohne Weiteres verstehen, warum Rudolf Steiner in den Formen der Gruppe die *Zusammenfassung aller Formen des ersten Goetheanum* erblickt, den wesenhaften Typus der Bauformen.[162]

Schließlich entwickelt der Baumeister am 1. Januar 1924 in einer dem Beton gemäßen Formensprache eine Metamorphose desselben Baumotivs, das er am ersten Bau als solches über dem Westportal dargestellt hatte.

160 GA 236, S. 96.

161 Christiane Haid: *Metamorphosen des Grundsteins- von der ersten Grundsteinlegung zur Grundsteinlegung 1923*, in: *Stil*, Weihnachten 2020, 42. Jg., Heft 4, S. 6-23.

162 Vgl. S. 60 und 61 in diesem Buch.

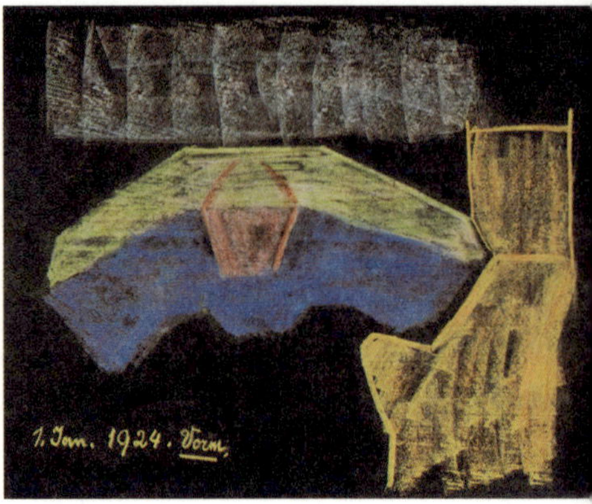

Das Baumotiv vom 17. Juni 1914 und das Baumotiv vom 1. Januar 1924.[163]

Der gemeinsame Typus beider Goetheanum-Bauten manifestiert sich also
- im gemeinsamen Grundstein von 1913,
- in den sieben Säulen des Saales im Grundriss als sieben «halbträchtige Säulen» angedeutet,
- in der Gruppe des Menschheitsrepräsentanten,
- im gemeinsamen Baumotiv.

Wie wollte Rudolf Steiner die Bühne gestalten?

Dies hat er am deutlichsten in der am 7. Oktober 1923 entwickelten Oster-Imagination ausgesprochen. Für ein neues Osterfest schwebt Rudolf Steiner da ein auf der neu zu bauenden Bühne aufzuführendes «Mysterienspiel» vor. «Raphael mit dem Merkurstab und der heilende Mensch» sollten auftreten vor der Gruppe des Menschheitsrepräsentanten als Hintergrund der Bühne. «Ein lebendiges Gefühl von alledem wird man erlangen, wenn, nachdem das Ganze architektonisch und plastisch geworden ist und in der Architektur und Plastik dasteht, was ich beschrieben habe, wenn dann in der Zukunft auch noch einmal die Möglichkeit herbeigeführt werden kann, ein Lebendig-Dramatisches, in dem namentlich zwei Hauptfiguren sein

163 Vgl. GA 286, Vortrag vom 17. Juni 1914 und Vortrag vom 1. Januar 1924.

würden: der Mensch und Raphael, Raphael mit dem Merkurstab, Raphael mit alledem, was sich an den Merkurstab anknüpft».[164]

Aus England zurückgekehrt, fasst Rudolf Steiner hier aus der dort beschlossenen Zusammenarbeit mit Ita Wegman das Wesentliche einer neu zu begründenden Mysterien-Heilkunst, die Medizinische Sektion der Freien Hochschule für Geisteswissenschaft ins Auge.

Heilende Substanzen für die Erde

Wie kann man diese Konzeption eines fünften Mysteriendramas verstehen?

Seine Idee lebt inhaltvoll nicht nur in dem Menschheitsrepräsentanten, der atmend im Gleichgewicht schreitet und handelt; sie lebt auch makrokosmisch in dem Grundstein des Baues, der gelegt wurde «als Merkur in der Waage stand» – der planetarische Prozess der Lunge im Gleichgewicht des Schreitens (siehe S. 48).

Am 20. September 1913 wurden in den Jurakalk des Dornacher Hügels zwei Pyrit-Kristalle versenkt, von gediegenem Kupfer umhüllt. Der Jurakalk entstammt dem tierischen Leben. In der Oster-Imagination wird geschildert, wie sich aus dem Kalk im Frühling ahrimanische Kräfte-Wesen befreien, die das Tier im Menschen steigern möchten. In der Substanz des Pyrit, das ist die Eisen-Schwefel-Verbindung Eisensulfid, ergreift der Eisenprozess die sulfurischen Kräfte, die da aufsteigen wollen und bändigt sie. Diese Prozessgeste lebt im Wesensbild der «Gruppe» in der *rechten* Hand des Christus. («rechts» aus der Sicht der Gestalt selbst). Die Pyrite werden mit räumlichem Abstand von gediegenem Kupfer umhüllt. Im Kupfer des dodekaedrisch geformten Grundsteins, auf den Rudolf Steiner in der geistigen Grundsteinlegung während der Weihnachtstagung mit dem Wort vom «dodekaedrischen Liebes-Stein» zu sprechen kommt, wirken die Venus-Kräfte, in denen die Erde an ihr Ziel gelangen will; Venuskräfte, die nicht luziferisch von der Erde wegführen, sondern sich in Christus dem Erdenmenschen hingeben – diese Geste lebt in der *linken* Hand des Christus in der Gruppe. Eisen und Kupfer sind die Metalle der Atmung, die aus Weltenrhythmen physisch heilen.

164 GA 229, S. 53, Vortrag vom 7. Oktober 1923.

Als abends gegen 19 Uhr am 20. September 1913 Merkur in der Waage stand, wurde in dieser Grundsteinlegung im Geiste Raphael-Merkurs der Erde eine «heilende Arznei» gegeben. Man muss nun weiter bedenken, dass bei dieser Handlung das *fünfte Evangelium* eröffnet wurde. Erstmals erklang das kosmische «Vater unser», in dem der Urvorgang der Menschen-Krankheit zur Sprache kam: «Es walten die Übel ...»[165] In den daraufhin gehaltenen Vorträgen des fünften Evangelium schildert Rudolf Steiner, wie der Zarathustra-Jesus einen jahrelangen Weg des Mitleidens mit einer Anzahl von fürchterlichen, unheilbaren Krankheiten durchmachen musste, bis er endlich, durch diese Schmerzen des Mitleidens fast ohnmächtig geworden, den Jordan erreichte und durch Johannes in der Taufe den Christus-Geist empfing.

Das fünfte Evangelium und das fünfte Mysteriendrama tragen in sich die geistigen Impulse der fünften Kulturepoche.

Die neue Mysterienmedizin

Zehn Jahre später, am 7. Oktober 1923 wussten die Zuhörer allerdings noch nicht, dass Rudolf Steiner mit Ita Wegman die Medizinische Sektion einer Hochschule für Geisteswissenschaft in einer neuen Gesellschaft zu Weihnachten begründen wollte. Die Medizinische Sektion war dann die einzige Sektion, für die im Januar 1924 ein esoterischer Leitungskreis von sieben Ärzten und Ärztinnen berufen werden konnte, der Ita Wegman zur Seite stand. Diesem wurde eine Raphael-Merkur-Meditation gegeben. Dieser «Raphael-Kreis» arbeitet bis heute.[166]

Rudolf Steiners Absicht, die Bühne plastisch für die Gruppe des Menschheitsrepräsentanten zu gestalten, steht also in einem inhaltvollen Zusammenhang:

165 Rudolf Grosse: *Die Weihnachtstagung als Zeitenwende,* Dornach 1976, S. 21f.; Vgl. Rudolf Steiner: *Aus der Akasha-Forschung. Das fünfte Evangelium* (GA 148), Dornach 1975.

166 Friedwart Husemann: *Die Anthroposophische Medizin. Ein Weg zu heilenden Kräften*, Dornach ²2011, S. 272-274.

– durch die Grundsteinlegung beider Bauten,
– durch die erhalten gebliebene «Gruppe»
– und durch die Begründung der neuen Raphael-Merkur-Mysterien mit Ita Wegman in der Weihnachtstagung.

Warum aber sprach Rudolf Steiner von «Raphael und dem heilenden Menschen» schon so lange vor Ita Wegmans Berufung am 7. Oktober 1923, innerhalb der imaginativen Sphäre der Bühnenkunst des neu zu errichtenden Goetheanum?

Fassen wir noch einmal zusammen, was in der Oster-Imagination veranlagt wurde: Wir erleben die Konzeption des zweiten Goetheanum-Baues. *Die plastische Gruppe soll auf dieser Bühne stehen*, so erfahren wir.[167] Und auf dieser Bühne entsteht, vor der «Gruppe», *ein neues Mysteriendrama!* Wie der erste Bau aus dem Mysteriendrama entstand, so liegt auch hier der Impuls für den zweiten Bau im Mysteriendrama, das sich *vor der Gruppe, als deren dramatische Umsetzung,* abspielen soll. Die «Gruppe» ist ja selbst im Geschehen des Gesamtkunstwerkes ein plastisch festgehaltenes Drama.

Was aber ist der Inhalt dieses Dramas?

«Der heilende Mensch – und Raphael mit dem Merkurstab»!

In die soziale Wirklichkeit übersetzt heißt das: Rudolf Steiner standen am 7. Oktober 1923 die Begründung der Mysterienmedizin und die Weihnachtstagung vor Augen. *Und die Mysterien Ita Wegmans sollten eine künstlerische Aufgabe Marie Steiners werden!* Sie hätte dieses Drama mit den Darstellern einüben sollen. Lag darin nicht eine Handreichung, dass die beiden Frauen ihr Karma hätten «in Ordnung bringen» können?

Die vier ersten Mysterien – *Die Pforte der Einweihung, Die Prüfung der Seele, Der Hüter der Schwelle* und *Der Seelen Erwachen* realisieren auf der Bühne dramatisch, was in den Säulen-Worten der großen Kuppel lebt: DAS ES – AN ES – IN ES – ICH. Man hat in diesen vier Säulenworten,

167 Dino Wendtland: *Zum Standort der Gruppe im zweiten Goetheanum,* in: Mirela Faldey und David Hornemann van Laer (Hrsg.): *Im Spannungsfeld von Weltenkräften. Der Menschheitsrepräsentant in Rudolf Steiners Skulptur, Malerei und Glasradierung*, Dornach 2020, S. 373-388.

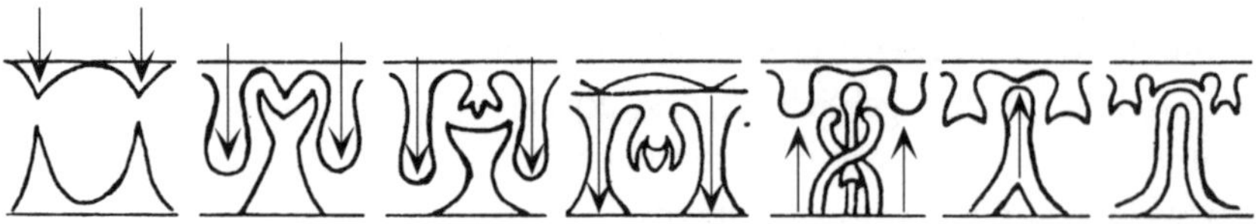

Die sieben Kapitell-Motive der großen Kuppel, nach Carl Kemper

die in den Kapitellen das Kosmische ins Irdische «hineinsprechen», Marie Steiners Lebens-Aufgabe vor sich als Darstellerin der Maria.[168] Man fühlt in den Säulenworten, wie Marie Steiners Impulse die kosmischen Kräfte zur Erde führen half, bis zur vierten Säule, in der das Wort zu sich selbst kommt. Jetzt kehrt sich die Streberichtung um. Der Merkurstab Raphaels erscheint im Kapitell VOM ICH (siehe S. 57). Der Erdenwille Ita Wegmans ergreift, was ihm aus dem Kosmos geschenkt wurde, um die Natursubstanzen im Heilen der Menschen dem Kosmos zurückzugeben.

168 Zu den Säulenworten vgl. GA 284, Tafel XXVIII sowie Kap. I.4, *Das Wort des Menschen und sein Bau* im vorliegenden Buch. Wie sich dieses Grundmotiv zu dem schon für 1914 geplanten 5. Drama inhaltlich verhält, muss offenbleiben. Das Schicksal wollte, dass der Bau erst durch den Tod gehen musste.

10. Der zweite Goetheanum-Bau als Lebensfrage Rudolf Steiners

Der Bau des Stuttgarter Zweigs der Theosophischen Gesellschaft in der Landhausstraße 70 wurde mit der Weiherede des Salomonischen Tempels aus dem Alten Testament am 15. Okotober 1911 von Rudolf Steiner eingweiht (siehe S. 146). Schon 1905 hieß es in einer esoterischen Stunde: «Dann erst verstehen wir die Theosophie, wenn wir sie als Testament auffassen, das, was als der Salomonische Tempel aufgezeichnet und was als Zukünftiges zu erwarten ist, vorzubereiten.»[169]

Warum ist der Salomonische Tempel gebaut worden?

Die Aufgabe des «Salomonischen Tempels», wurde 1916 so beschrieben: «Meine lieben Freunde, würde man einen der alten Eingeweihten gefragt haben, die Bescheid wussten über den Salomonischen Tempel, so würde die Antwort auf die Frage: Warum ist der Salomonische Tempel erbaut worden? – etwa so gelautet haben: Damit auf der Erde hier ein Zeichen ist, auf das diejenigen Mächte hinschauen, welche die Seelen geleiten, die den Weg suchen in irdische Leiber. – Fassen wir das recht. Denken wir uns, dass diese alten Eingeweihten des Salomonischen Tempels wussten, wenn sie die Menschen nach allen Sternenzeichen in die irdischen Leiber heruntergeleiten, dann müssen besondere Seelen zu denjenigen Leibern geführt werden, welche in der Lage sind, die großen Symbole des Salomonischen Tempels in sich gespiegelt zu erhalten. [...] Das Erdenauge schaut hinauf zum Himmel und erblickt Sterne. Das Geistesauge derjenigen, welche die Seelen aus Weltenweiten hereinführten

169 Ders.: *Die Tempellegende und die Goldene Legende als symbolischer Ausdruck vergangener und zukünftiger Entwickelungsgeheimnisse des Menschen. Aus den Inhalten der «Esoterischen Schule»* (GA 93), Basel ^{4}2014, S. 153.

auf die Erde, schaute herunter und erblickte den Salomonischen Tempel mit seinen Symbolen. Er war ihnen ein Stern, durch dessen Licht sie die Seelen geleiten konnten in solche Leiber, die den Sinn des Salomonischen Tempels würden aufnehmen können. Er war der Mittelpunktstern der Erde, der besonders hinausglänzte in die geistige Höhe.»[170]

In der Schwierigkeit für einen Eingeweihten einen geeigneten physischen Leib zu finden, hatte der Salomonische Tempel also die Funktion eines Leitsternes. Die Bauformen des Goetheanum haben ihre Karma-Schauen weckende Kraft nicht nur für physisch verkörperte Menschen, sondern auch für Sphärenmenschen in der geistigen Welt und jene Wesenheiten, die diese auf die Erde geleiten. Schon 1905 führt er in einer esoterischen Stunde aus, welche Bedeutung ein Bauwerk für die folgende Inkarnation des Baumeisters hat: «Nehmen wir an, jemand habe den Plan und die Anregungen gegeben zum Bau eines großen Domes. Er hat gewusst: die Formen des Domes schufen in ihm ein Organ für die Zukunft. Alle solche Werke werden in ihren Wirkungen mit dem Inneren der Seele verbunden bleiben. In der Regel bleiben aber auch die äußeren Werke so lange, dass derjenige, der sie geschaffen hat, sie wiederfindet und wiedererkennt, wenn er wiederkommt. [...] Das ist die Brücke, die geschlagen wird von einer Inkarnation zur anderen.»[171]

Das wirft Licht auf Rudolf Steiners Arbeit am zweiten Goetheanum während seines letzten Lebensjahres. Die plastische Holzgruppe auf der Bühne gehörte zu seiner Baukonzeption (siehe S. 113ff.). *Während seiner Arbeit am Außenmodell des zweiten Baues schnitzte er zugleich weiter an seinem Innersten, der unfertigen «Gruppe»*. Von Marie Steiner ist überliefert, dass er noch in der letzten Lebenswoche, im März 1925, an einem Tag, an dem es ihm besser ging, aufstand vom Krankenlager und an der Gruppe schnitzte![172] «Und ich *muss* bald arbeitsfähig sein, denn was es nach allem, das sich abgespielt hat, wäre, wenn durch meine Krankheit

170 Ders.: *Zeitgeschichtliche Betrachtungen. Das Karma der Unwahrhaftigkeit, Erster Teil* (GA 173), Dornach ²1978, S. 227, Vortrag vom 21. Dezember 1916.

171 Ders.: *Grundelemente der Esoterik* (GA 93a), Basel ⁴2014, S. 117, Vortrag vom 10. Oktober 1905.

172 Hella Wiesberger (Hrsg.): *Marie Steiner – Briefe und Dokumente*, S. 295.

der Bau unterbrochen werden müsste, ist gar nicht zu ermessen»[173], schrieb er zwei Wochen vor seinem Tode an Marie Steiner.

Erahnen wir, in welcher Sorge Rudolf Steiner in seinen letzten Erdenwochen lebte? Fasste er das Erdenleben, das am 30. März 1925 endete, als Auftakt für seine Arbeit am Beginn des 21. Jahrhunderts auf – also in unserer Gegenwart, in welcher er mit seinen Mitstreitern entscheidend in die Menschheitskrise eingreifen will? Ging er nicht mit dem Bewusstsein an die Schwelle des Todes, dass die Möglichkeit seiner nächsten Inkarnation entscheidend davon abhängen wird, ob und wie er die Goetheanum-Formen wieder vorfindet? «Denn geschrieben steht mit übersinnlichen Lettern: Werdet Euch bewusst, dass Ihr ja wiederkommen werdet vor dem Ende des 20. Jahrhunderts, das ihr aber vorbereitet habt! Werdet euch bewusst, *wie das dann sich ausgestalten kann, was ihr vorbereitet habt!* Sich zu wissen in diesem Kampfe, sich zu wissen in dieser Entscheidung zwischen Michael und Ahriman, das ist etwas, was zu dem gehört, meine lieben Freunde, was man anthroposophischen Enthusiasmus, anthroposophische Begeisterung nennen kann.»[174]

Das Goetheanum physisch vollenden heißt, die Hand ergreifen, die sein Baumeister uns zur Zusammenarbeit bietet. Nur mit ihm gemeinsam können wir unsere Aufgabe, unser innerstes Streben als Anthroposophen in die Tat überführen: die Kraft des «ätherischen Christus» für die Sinnesanschauung in der physischen Welt zu verkörpern und damit den Angriffen Ahrimans Stand zu halten.

173 Rudolf Steiner / Marie Steiner-von Sivers: *Briefwechsel und Dokumente 1901–1925* (GA 262), Basel [3]2014, S. 452. Hervorhebung im Original.

174 GA 237, S. 119. Hervorhebung A.H.

11. Die Initialen «JN» auf dem Grundsteindokument von 1913

«Der Tempel» – das war zu einem Schimpfwort geworden, mit dem, von der Grundsteinlegung an, die Gegner des Goetheanum-Baues Woche für Woche gegen diesen Bauimpuls in Tageszeitungen und Sonntagspredigten hetzten.[175] So kann man verstehen, warum Rudolf Steiner nach dem Brand die Bezeichnung «Tempel» in der Öffentlichkeit ablehnte.[176]

Der Begriff «Tempel» behielt aber dennoch im esoterischen Zusammenhang mit der Tempel-Legende die Bedeutung, die er von Anfang an hatte. «In gewisser Weise sollen wir ja einen Tempel bauen, der zugleich, etwa, wie dies die alten Mysterientempel waren, eine Lehrstätte ist».[177] Die Tempelbauten der Menschheit waren immer Vermittler zwischen dem Tempel des Leibes auf der Erde und dem Tempel des Kosmos durch die Sternenwelt.

Der physische Menschenleib ist ein «Tempel», der durch die Wesenheiten der geistigen Welt so organisiert und gebaut ist, dass in ihm das «Ich-bin» der Seele zu ihrem Geist erwachen kann. Dies ist seine Funktion vom Aufwachen bis zum Einschlafen. In der Nacht leben Seele und Ich im Makrokosmos, im geistigen Tempel ihres Wesens. Im Ausatmen und Einatmen der Seele schwingt die Seele zwischen dem Tempel des Makrokosmos und dem Tempel des Mikrokosmos, wie auch im Schlafen und Wachen. Aus diesem rhythmischen Leben der Seele wird der dritte Tempel geschaffen, der als menschliches Kunstwerk dasteht, um der Seele den Weg zu weisen aus dem Leib in die geistige Heimat und aus der kosmischen Wesenswirklichkeit zurück in den Leib.

175 Vgl. Roland Halfen: *Vom Ärgernis zum Kulturgut. Zur Geschichte der Rezeption von Rudolf Steiners Architektur*, in: *Stil*, Weihnachten 2020, 42. Jg., Heft 4, S. 25-39.

176 Vgl. Rudolf Steiner: *Das Goetheanum in seinen zehn Jahren*, Sonderdruck, Dornach 1961, S. 14.

177 GA 286, S. 20.

Makrokosmos — Tempel des Geistes

Tempel als Kunstwerk — *Tempel der Seele*

Mikrokosmos — Tempel des Leibes

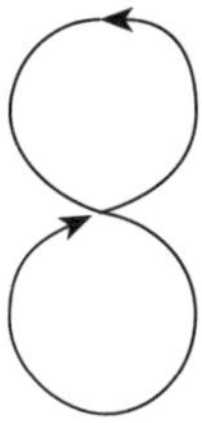

Das «Mysterium von Golgatha» ist das Mysterium des Tempels des Leibes. Jener Tempel des Leibes, in den sich Christus durch die Taufe im Jordan verkörperte, war der Leib des Jesus von Nazareth. Wegen seiner Reinigung des Tempels zur Rede gestellt, antwortete Christus: «Brecht diesen Tempel ab, und in drei Tagen will ich ihn aufrichten. [...] Er sprach aber vom Tempel seines Leibes.» (Joh. 2, 19-21).

Der Jesus, der den Geist des Christus nach der Taufe in sich leben lassen konnte, hatte bis dahin zwei Lebensschritte seiner Entwicklung durchgemacht. Erst lebte in ihm zwölf Jahre lang die Seele des nathanischen Jesus. Dann nahm er den Geist des Zarathustra in sich auf, der bis zum 30. Lebensjahr in ihm lebte. Dann verließ Zarathustra den Jesus und Christus trat an seine Stelle.[178]

Der Entwicklungsgang, den Jesus von Nazareth gehen musste um den Christus in sich aufnehmen zu können, hatte also bis zur Taufe zwei Phasen: Erst verleiblichte sich die Menschheits-Seele, die bis dahin aus der Substanz des ursprünglichen Adams in der geistigen Welt aufbewahrt worden war, und trug ihre kosmischen Gesetze in den physischen Leib. Der Makrokosmos wurde reiner Mikrokosmos in erstmaliger Verkörperung, ohne Schuld. Dann trat das Geistwesen in ihn ein, das als «Zarathustra» vielfach inkarniert gewesen war. Seine Inkarnation in dem Jesus von Nazareth war die dreizehnte des Zarathustra.[179]

178 Vgl. ders.: *Von Jesus zu Christus* (GA 131), Dornach 1974, Vortrag vom 12. Oktober 1911; GA 148, Vortrag vom 22. November 1913.

179 Vgl. Andrew Welburn: *Das Buch mit 14 Siegeln, Zarathustra und die Christus-Offenbarung*, Stuttgart 1995, S. 199.

Die Überschrift der Grundstein-Urkunde: «JN»

Vom Ur-Tempel des Jesus-Leibes und den zwei Phasen seiner Entwicklung fällt Licht auf die Initialen «JN», mit denen die Urkunde des Grundsteins der beiden Goetheanum-Bauten überschrieben ist. In der Handschrift Rudolf Steiners ist nach diesen Buchstaben jeweils ein Punkt gesetzt «J.N.». Diese Iniatialen bedeuten also «Jesus von Nazareth.»[180] Als Teil der Grundsteinlegungsfeier beginnt die Verkündigung des fünften Evangeliums mit dem kosmischen «Vater unser».

Amen.
Es walten die Übel
Zeugen sich lösender Ichheit
Von andern erschuldete Selbstheitschuld
Erlebet im täglichen Brote
In dem nicht waltet der Himmel Wille
Indem der Mensch sich schied von Eurem Reich
Ihr Väter in den Himmeln.[181]

Die Übel walteten später auch aus dem «Neid der Menschen» und zerstörten den ersten Bau in der Silvesternacht 1922. Rudolf Steiner und seine Schüler mussten den Tod des Baues durchschreiten: «Das Goetheanum ist hinweggestorben. In den Herzen deren, die es geliebt haben ist eine dauernde Trauerfeier geworden.»[182]

Aus den Kräften der Auferstehung erneuerte Rudolf Steiner den sozialen und den physischen Bau des Goetheanum. Die Heilungsimpulse Raphaels in Ita Wegman waren es, die eine Neubegründung ermöglichte und zu einer Grundsteinlegung in die Herzen an Weihnachten 1923 führte.

Die beiden Bauwerke des Goetheanum lebten und leben für das Ziel, durch Goethes *Faust,* die Mysteriendramen und die Eurythmie als plastisch-malerisch-sprachliche Gesamtkunstwerke den Menschen der Gegen-

180 Rudolf Grosse: *Die Weihnachtstagung als Zeitenwende*; Christiane Haid: *Metamorphosen des Grundsteins – von der ersten Grundsteinlegung zur Grundsteinlegung 1923*, in: *Stil*, Weihnachten 2020, 42. Jg., Heft 4, S. 6-23.

181 GA 148, S. 64.

182 GA 36, S. 329f.

wart die geistige Wirklichkeit so vor die Sinne zu bringen, dass sie *sinnlich-übersinnlich* den wirkenden Christus in der ätherischen Welt erfassen lernen. Sie führen die christliche Baukunst in die Gegenwart.

Von der Romanik zur Gotik

Wir beleuchten deshalb den Bauimpuls des Goetheanum mit der Geschichte der christlichen Baukunst des Mittelalters. Deren Kirchen wollten auf ihre Weise die Seelen zu dem Bild des Christus im Osten hinführen. Wir sehen, wie damals zwei Baustile aufeinander folgen: Der Romanik folgte die Gotik.

Die Bauformen der Romanik tragen in sich das ruhende Leben des Makrokosmos. Die Kultussprache lebt im singenden Rhythmus, in Farben und Formen. Aus der bäuerlichen Natur heraus kommen die Menschen in diesen ersten Jahrhunderten und verstehen mit ihrem gewöhnlichen Verstand die Worte nicht – es wird lateinisch gesprochen. Sie erleben imaginativ die Realität des Kultus.

In der gotischen Kathedrale, als einer Stadtkirche, strebt die fühlende Seele nun auch nach dem Licht der geistigen Erkenntnis. Die das Licht erfassenden Formen der gotischen Kathedrale zeigen die Verwandlung der Erdenschwere in geistiges Licht, sie ist gebaute Transsubstantiation in imaginativer Raum-Sprache. Die tragenden Säulen treten in einer Umstülpung als Pfeiler nach außen. Auf die Initiative der neuen Predigerorden wird nun eine eigene Kanzel für die Predigt eingebaut, auf die der Priester, den Altar verlassend, über eine Treppe hinaufsteigt, um von oben z.B. zu erklären, wie sich die Wandlung denken lässt. Die Menschen wollen nun auch denkend die Sakramente begreifen und rechtfertigen.

Wir sehen auch hier zwei Phasen einer Entwicklung der baulichen Seelenhülle auf dem Weg zur Kommunion mit dem Leib des Christus. Umweht die romanische Kirche nicht das in sich ruhende Leben der nathanischen, kosmischen Jesus-Seele? Hat die gotische Kathedrale nicht etwas von der Sprache des lehrenden Zarathustra-Jesus, der den Pharisäern die Schrift auslegt aus seinem überragenden Wissen? Eingedenk der Initialen «J.N.» auf der Urkunde des Grundsteines vom 20. September 1913 können wir mit diesen beiden Entwicklungsschritten auch das Goetheanum beleuchten: Atmet im Inneren das erste Goetheanum nicht die kosmische Seele des nathanischen Jesus? Hat es nicht mit seinen Kuppeln äußerlich eine «romanische Anmutung»? Trägt die Westfassade des zweiten Goetheanum nicht in den Umkreis hineinstrebende Gesten, welche die lastende Schwere in Sogkräfte umstülpen, durch die, wie am gotischen Dom, zwei äußere Pfeiler notwendig werden? Sind diese beiden Schritte im Bilden der Hülle für den Christus nicht im Grundstein – (J.N.) – als Samen veranlagt? Wir vergleichen:

Die kosmische Menschheits-Seele bis zum 12. Lebensjahr des nathanischen Jesus	→	Der Zarathustra-Jesus vom 12. bis zum 30. Lebensjahr
Die romanische Klosterkirche in der Natur	→	Die gotische Kathedrale in der Stadt
Das erste Goetheanum	→	Das zweite Goetheanum

Stellt uns der Grundstein eine Bauaufgabe?

Christus lebt gegenwärtig als geistige Wesenheit in der ätherischen Welt, um durch die Menschen, die ihn in sich aufnehmen wollen, in die physische Welt einzugreifen, in der Ahriman die Menschheit für sich einspannen will. Das ist die Situation, die uns gegenwärtig auf neue Weise zu Bewusstsein kommt. Lassen wir vor diesem Hintergrund den heutigen Bauzustand des Goetheanum zu uns sprechen.

*Der Saalbau 1998**

Es war Jörgen Smit, der kurz vor seinem Tod, anlässlich einer Jugendtagung in Wien, einen Vortrag von Christian Hitsch in der goetheanistischen Studienstätte Wien besuchte. Dieser handelte u.a. von den sieben Kapitellen des Goetheanum. Auch Manfred Schmidt-Brabandt und Hagen Biesantz besuchten Christian Hitsch, und bald darauf wurde er als Leiter der Sektion für bildende Künste an das Goetheanum berufen mit der Aufgabe, sich der Neugestaltung des Saales anzunehmen. Sie war baupolizeilich notwendig geworden, weil der Saalausbau von 1956 Asbest enthielt. Unter den etwa zwölf Modellen, die Christian Hitsch entwarf, wählte der Vorstand die dann mit Ulrich Oelsner als Architekt und Stefan Hasler als Organisator verwirklichte Version des Saalausbaus, wie er zu Ostern 1998 eingeweiht wurde. Der Vorstand wählte damit den einzigen Entwurf, der die sieben Säulen aus dem ersten Bau «zitierte».

Der Bauwille des Vorstands machte im Ausbau des Doppelbaues Halt vor der Bühne. Diese ist jetzt als eine technisch modern gestaltete Theaterbühne dem Saalausbau von Christian Hitsch gegenübergestellt. Der derzeitige Bauzustand des Goetheanum steht damit als ein Widerspruch da, der etwas Wesentliches im Stil der Schauspielregie in den letzten Jahren widerspiegelt.

Der Raum auf der Bühne, auf der die Eurythmie, die Mysteriendramen und der *Faust* dargeboten werden, war bisher nicht in der Lage, das Wesen des Goetheanum, die Christus-Plastik, in sich aufzunehmen. Das Christus-Drama zwischen Luzifer und Ahriman bleibt in einem Nebenraum von den anthroposophischen Kulturprojekten ausgeschlossen. Der Widerspruch einer farbenflutenden, lebendigen Saalgestaltung einerseits und eines technisch gerüsteten Bühnenraumes andererseits, stellt die Frage an die Anthroposophische Gesellschaft: *Wie kann sich die Bühnenkunst so weiterentwickeln, dass in ihrer Kunstauffassung und Kunst-Gesinnung das Bedürfnis erwacht, mit dem Menschheits-Drama zwischen Luzifer und Ahriman für die Kultur freier Menschen gemeinsam Bühnenkunst zu gestalten?*

Diese Frage kann sich Menschen stellen, welche die Zukunft des Goetheanum in der Schicksalsgegenwart Rudolf Steiners und seiner Mitarbeiter ergreifen wollen.

* Siehe: *Das Goetheanum*, Sonderheft Nr. 14/15, 5. April 1998.

Der Goetheanumsaal ohne die Holzgruppe der Christus-Darstellung im Osten der Bühne – ist dies nicht mit dem Grundsteinspruch vergleichbar, ohne dessen viertem Teil? Der neuen Phase der Menschheitsentwicklung, in die wir jetzt eingetreten sind, ist dieser Zustand nicht gewachsen. Den Angriffen, denen wir entgegengehen, werden wir nur gewachsen sein, wenn wir die Initiative ergreifen, das Goetheanum bis in die *physische* Ausgestaltung der Bühne hinein aufnahmebereit für das von Rudolf Steiner geschaffene Wahrbild des Christus zu machen. Dazu wäre die erste Voraussetzung, sich von jedem Vergleich mit der heute üblichen Bühnenspielkunst zu verabschieden, die anthroposophische Sprach- und Schauspielkunst am Goetheanum durch eine entsprechende Schule neu für die Bühne zu entwickeln und ein festangestelltes Ensemble einzurichten.

Das Projekt einer neuen Bühnenkunst, die mit dem plastischen Menschheits-Drama zwischen Luzifer und Ahriman gemeinsam die Mysteriendramen als Gesamtkunstwerk verwirklichen will – es würde Kräfte aus der anthroposophischen Weltgesellschaft freisetzen und opferwillige Mitglieder auf den Plan rufen, unter denen sich vielleicht Rudolf Steiner selbst und seine Mitstreiter befänden. Könnten an der Aufgabe, Rudolf Steiners Bühnenkunst und sein Bauvorhaben zu vollenden, nicht die Kräfte erwachen, durch die er das Goetheanum als seinen Ort wiederfindet?

12. Die Verantwortung des Menschen für das Leben der Erde und die Formensprache des Goetheanum

Carl Friedrich von Weizsäcker richtete kurz vor seinem Tode an die deutsche Ärzteschaft einen vermächtnishaften Appell, der zu Beginn des neuen Jahrtausends erschien. Er machte darauf aufmerksam, dass am Ende des 20. Jahrhunderts in den Lehrbüchern der Medizin noch immer die veralteten Atomvorstellungen des 19. Jahrhunderts gelehrt werden. Die Quantenphysik habe «schon in den 20er Jahren gezeigt, dass die atomaren Strukturen nicht mehr entsprechend der anschaulichen Vorstellungswelt der klassischen Physik als Gegenstände, als körperlich fassbare Teilchen im Sinne der Descartesschen res extensa verstanden werden können. Sie sind bisher zusammenhängend und widerspruchsfrei nur als mathematische Strukturen beschrieben worden»[183]. Der Gegensatz von «res extensa» und «res cogitans»[184] ist von der Quantenphysik überwunden worden. Was draußen im Atom gesucht und erforscht wird, *ist* gleicher Wesenheit wie das Denken. Das heißt: Die Forscher der Quantenphysik kommen in der Sinneswelt an die Schwelle der geistigen Wirklichkeit. Ernest Rutherford z.B. war schockiert, dass das Atom «hauptsächlich aus leerem Raum» besteht.[185] In Kernreaktoren gewinnt die Menschheit Energie aus Kräften, deren Wesenheit nur auf geistiger Ebene erforschbar ist.

183 Carl Friedrich von Weizsäcker / Friedrich W. Schmahl: *Moderne Physik und Grundfragen der Medizin*, in: *Deutsches Ärzteblatt* 97, Heft 4, 28. Januar 2000, S. 166.

184 Nach Descartes ist jeder Körper, auch unser Leib, «ausgedehnte» Substanz (res extensa), die den Gesetzen der Geometrie unterliegt. Die menschliche Seele dagegen ist «denkende» Substanz (res cogitans). Siehe ebd.

185 David Nachmansohn / Roswitha Schmid: *Die große Ära der Wissenschaft in Deutschland 1900–1933. Jüdische und nichtjüdische Pioniere in der Atomphysik, Chemie und Biochemie*, Stuttgart 1988, S. 42.

Die Erkenntnis, die von Weizsäcker in das frühe 20. Jahrhundert verlegt, hatte Rudolf Steiner bereits 1882 als Student der technischen Hochschule der Universität Wien in seiner ersten schriftlich erhaltenen wissenschaftlichen Arbeit niedergelegt: «[D]ie Atome müssen eine der sinnlichen Erfahrung unzugängliche Existenz haben.»[186]

Der Begründer der Anthroposophie hat die Schritte zur Entdeckung der Atomenergie genau verfolgt, wobei er Atome als Phänomene nicht leugnete, aber ein ihrer geistigen Wirklichkeit entsprechendes *Denken* forderte.[187]

Am 1. Oktober 1911 spricht Rudolf Steiner über die Atomenergie, «die nicht mehr lange wird geheim gehalten werden können. Man muss nur wünschen, dass wenn diese Kraft kommt, die wir uns viel, viel stärker vorstellen müssen als die stärksten elektrischen Entladungen, und die jedenfalls kommen wird – dann muss man wünschen, dass, bevor diese Kraft der Menschheit durch einen Erfinder gegeben wird, die Menschen nichts Unmoralisches mehr an sich haben werden!»[188] Daraus geht hervor, dass die Kernenergie zu einem wesentlich verfrühten Zeitpunkt in der Menschheitsentwicklung aktiviert wurde. Rudolf Steiner lebte zeitlebens in der Sorge: Wie wird die Menschheit diesen Kräften gewachsen sein, die sie entfesseln wird? *Ein* Schritt in der Erkenntnis erfordert *drei* Schritte in der moralischen Entwicklung.[189] Parallel zur Entwicklung der Physik sah er zugleich den moralischen Niedergang der Zivilisation, der im Nationalsozialismus endete, zum Zweiten Weltkrieg führte und die politischen Kräfte zur Entwicklung der Atombombe an dessen Ende erzeugte.

186 Rudolf Steiner: *Einzig mögliche Kritik der Atomistischen Begriffe*, in: *Nachgelassene Abhandlungen und Fragmente* (GA 46), Basel 2020, S. 64-82.

187 Vgl. Eugen Kolisko, *Hypothesenfreie Chemie*, Dornach 2012.

188 Das Wort «Atomenergie» entstand später. Steiner gebraucht den Begriff «dritte Kraft», die zu Elektrizität und Magnetismus hinzutritt. Siehe: Rudolf Steiner: *Die Ätherisation des Blutes*, in: *Das esoterische Christentum und die geistige Führung der Menschheit* (GA 130), Dornach ^{4}1995, S. 95 u. 103, Vortrag und Fragenbeantwortung vom 1. Oktober 1911.

189 Vgl. GA 10, S. 67.

Die Entwicklung der Erde und die Chemie der Stoffe

Zu Pfingsten 1907 veranschaulichte Rudolf Steiner in München die Entwicklungsschritte der Erde und des Menschen künstlerisch in den sieben Säulen des «Rosenkreuzertempels» und den ihnen entsprechenden Siegeln.[190] Wenige Monate später, im Oktober 1907, beschrieb er von Berlin aus, wie diese Formen entstanden sind. Der Seher versetzt sich mit seinem Bewusstsein in die geistigen Sphärenharmonien des Kosmos, welche die Erde gebildet haben und weiterbilden werden. Diese lässt er «auf die formende Hand wirken»[191].

Damit wies er, wie später noch mehrfach, auf die in diesen Formen waltende geistige Weltenmusik (siehe Kap. 6), die auch der Chemie der Stoffe zugrunde liegt. Die musikalische Dynamik im Periodensystem der Elemente ist den Chemikern von Anfang an aufgefallen, sie sprechen von der «Oktavregel».[192] Aber man hat gewöhnlich nicht den Mut, die «seelischen Beobachtungsresultate»[193] der Musik mit naturwissenschaftlicher Methode zu ergreifen; tut man es, so kann ein erster Schritt gelingen, imaginativ in die geistige Wirklichkeit der Stoffe einzudringen.

Nehmen wir zunächst die Idee der Elektronenhülle, die den Kern eines Atoms umgibt, so hin, wie sie anhand der beobachteten Tatsachen heute gedacht wird. Die Elemente erstreben, durch ihren Bindungspartner, eine stabile Konfiguration ihrer äußeren Elektronenschale zu erreichen. In der zweiten Periode etwa verbindet sich Sauerstoff (mit sechs Elektronen auf der Außenschale) gerne mit Partnern, die ihm zwei Elektronen geben. Durch diese erlangt der Sauerstoff die Edelgaskonfiguration des Neons (acht Elektronen). Zwei Wasserstoffatome z.B. geben dem Sauerstoff diese erstrebte Ergänzung zur Neonkonfiguration des achten Zustandes: H_2O. Der Stickstoff mit fünf Elektronen erstrebt ebenfalls die Konfiguration

190 Vgl. GA 284, S. 35-40.

191 GA 284, S. 95.

192 John A.R. Newlands fand 1864 heraus, dass sich bei Ordnung der Elemente nach steigender Atommasse die chemischen Eigenschaften in jeder achten Position wiederholen, was er mit den Oktaven aus der Musik verglich. Er nannte seine Entdeckung das «Gesetz der Oktaven».

193 Vgl. den Untertitel von GA 4.

des Neonzustandes und erhält sie z.B. durch drei Wasserstoffatome: NH_3 (Ammoniak), Kohlenstoff durch vier: CH_4 (Methan).

Dieses Streben nach der darüber liegenden Edelgaskonfiguration gilt aber nur für die Stoffe von der vierten Gruppe an aufwärts. Die Stoffe der Substanzengruppen 1, 2 und 3, die also nur eine, zwei oder drei Elektronen auf der Außenschale besitzen, haben die entgegengesetzte Tendenz: Sie verbinden sich gerne mit Partnern, die ihnen Elektronen abnehmen, so dass sie selbst die darunter gelegene Edelgaskonfiguration für sich erreichen. Lithium, Beryllium und Bor erstreben die Helium-Konfiguration. Sie sind Elektronendonatoren oder Reduktionsmittel und damit Laugenbildner, während die Gegenseite als Elektronenakzeptoren Oxidationsmittel und Säurebildner sind. Daraus erhellt sich, welche Sonderstellung der Kohlenstoff als die Mitte dieser beiden Bestrebungen innehat: Er ist zu beiden Prozessen in der Lage. Seine universelle Bedeutung in der Kohlenwasserstoffchemie der Organismen rührt daher, dass er Bindungsverhältnisse sowohl in Richtung einer Helium- wie auch in Richtung einer Neon-Konfiguration einzugehen vermag.

Wenn man diese Prozess-Gesten aktiv mitvollzieht und mit der musikalischen Erfahrung vergleicht, stellt man fest: So, wie hier beschrieben, verhalten sich die sieben Intervalle der diatonischen Dur-Skala in ihren inneren Bestrebungen. Die Sekund, die Terz und die Quart beziehen sich allein *auf den Grundton unter ihnen*. Von der Quint an beginnt zusätzlich eine Beziehung zu der *darüber liegenden Oktav*, die mit der Dur-Sext deutlich zunimmt und in der Dur-Septim musikalisch-energetisch ihren Höhepunkt erreicht. Das Bestreben der Septim, in den «stabilen Zustand» der Oktav überzugehen, kennt jeder Musikliebhaber. Im Periodensystem war eine Analogie zur Musik schon bei seiner Entdeckung aufgefallen.

Im Jahre 1862 ordnete Béguyer de Chancourtois die Elemente auf Grund ihrer Bindungsgewichte in einer sich um einen Zylinder windenden Schraubenlinie derart an, dass Elemente mit ähnlichen Eigenschaften von Windung zu Windung untereinander zu liegen kamen. Im Jahr 1864 fand Newlands das Gesetz der chemischen «Oktaven», wonach mit steigendem Verbindungsgewicht chemisch ähnliche Elemente nach Art musikalischer Oktaven periodisch wiederkehren.[194] Erst nach 1895 entdeckte

194 Der Inhalt forderte, dass hier die im Buche des Verfassers *Der hörende Mensch*

man die Edelgase, die aus dem chemischen Reaktionsgeschehen der übrigen Stoffe herausfallen, indem sie weder einer Ergänzung durch Partner bedürfen noch dazu fähig sind.

Hier liegt der zu Newlands Zeiten noch nicht fassbare Unterschied der chemischen zur musikalischen Oktav: Letztere ist immer zugleich Ausgangspunkt einer neuen Skala, immer zugleich auch Prim. Es scheint hier etwas vom Wesen des *mineralischen Zustandes* der Materie insofern zutage zu treten, als die Edelgase als Oktaven aus dem Prozessgeschehen herausfallen.

Der Musiker kennt nun genau die stufenweise, diskontinuierlich zunehmenden «Energie-Niveaus», die sich von der fünften zur sechsten und schließlich zur siebten Stufe der Skala steigern; sie spiegeln sich ja in jedem diatonisch komponierten Musikstück, wenn es in sein Finale gelangt. Die Bewegungs- und Auflösungs-Energien eines Finales in einer Sonate oder Sinfonie sind nichts anderes als sich auslebende Septimkräfte (in Dominantseptakkorden), die sich im Schlussakkord in ihre Oktav auflösen. Wir erleben im Schluss-Akkord den stabilen, reaktionsunfähigen Zustand der Edelgaskonfiguration von innen.

1	2	3	4	5	6	7	8
H							He
Li	Be	B	C	N	O	F	Ne

← ⇄ →

Elektronenabgabe	Elektronenaufnahme
reduzierend	oxidierend
Lauge	Säure

In der Septim-Situation des Finales einer Sinfonie erfordert die «oxidative» Auflösungstendenz des Dominantseptakkords, deren freiwerdende Energie sich im gesteigerten Tempo manifestiert, die entsprechende Gegenreaktion: Auch die Lautstärke steigert sich als Crescendo zum Forte

(Stuttgart 2010) auf S. 42ff. veröffentlichte Passage in überarbeiteter Form integriert wird (Neuauflage in Vorbereitung).

und Fortissimo. *Große* Instrumente werden oft hinzugefügt, die in den ersten drei Sätzen nicht zum Einsatz gelangten: Zusätzliche Kontrabässe, Basstuben, Posaunen. Die musikalische Energie greift deutlich in die physische Kräftewelt ein, die Musiker beginnen zu schwitzen, da sie mehr und mehr *physische Arbeit* leisten. So erfassen wir die physische Wirkung eines inneren musikalischen Erlebnisses, das sich in der Chemie in den Substanzen der siebten Gruppe, im Fluor-, Chlor- oder Jod-Prozess verkörpert. Kochsalz (NaCl) ist in diesem Sinne ein Oktav-Geschehen der «Septim» Chlor, das dem Chlor vom Natrium geschenkt wird. Durch die Verbindung mit dem Elektron des Natrium erfährt das Chlor die Oktav des Neon-Zustandes, es wird zum Element eines stabilen Salzes. Natrium seinerseits gibt gerne sein Elektron an Chlor ab, weil es dadurch in einer Art von Helium-Zustand zur Ruhe kommt. Im Jod, dem schwersten biologisch aktiven Element, wird der Septim-Prozess im Menschen physiologisch in der Schilddrüsenfunktion verwirklicht.[195]

Rudolf Steiner hat Newlands Entdeckung geisteswissenschaftlich interpretiert indem er ausführte, «dass wir ja die Anordnung der Elemente im periodischen System uns unter dem Bild der Oktave vorstellen können. Darin zeigt sich eine Analogie zwischen der inneren Gesetzmäßigkeit der Töne und dem ganzen Aufbau der Materie, wie sie sich vorbereitet, chemische Vorgänge zu entfalten. Dadurch rechtfertigt sich aber auch, dass wir das ganze Verbinden und Lösen des materiellen Daseins wie ein äußeres Bild auffassen einer inneren Weltenmusik, die [...] eben nur in einem besonderen Falle sich uns enthüllt in der irdischen Musik.»[196] «In der Welt sind eine Anzahl von Substanzen, die verbindbar und trennbar sind. Was wir Chemismus nennen, ist hineinprojiziert in die physische Welt aus der Welt des Devachan, der Sphärenharmonie. Sodass wir in der Verbindung zweier Stoffe nach ihren Atomgewichten wir die Abschattung haben zweier Töne der Sphärenharmonie. [...] Die Zahlenverhältnisse der Chemie sind wirklich die Ausdrücke für die Zahlenverhältnisse der Sphärenharmonie. Diese letztere ist stumm geworden durch die Verdichtung der Materie. Würde man die Stoffe tatsächlich bis

195 Vgl. Armin Husemann: *Der musikalische Bau des Menschen*, S. 96 u. S. 140ff.

196 Rudolf Steiner: *Geisteswissenschaftliche Impulse zur Entwickelung der Physik II* (GA 321), Dornach ⁴2000, S. 205, Vortrag vom 14. März 1920.

zur ätherischen Verdünnung bringen und die Atomzahlen als innerlich formendes Prinzip wahrnehmen können, so würde man die Sphärenharmonie hören.»[197]

Das Periodensystem als «Schöpfungs-Urkunde» und die sieben Säulen

In der Skala der sieben Töne, die sich in den sieben Gruppen des Periodensystems spiegeln, lebt ein Weltgesetz des Ätherischen überhaupt. Alle Entwicklung vollzieht sich in sieben Schritten. Ernst Bindel und Arnold Blickle konnten deshalb vom periodischen System der Elemente als von einer «Schöpfungsurkunde» sprechen.[198] In der Art, wie wir heute die sieben Intervalle empfinden, spiegelt sich, dass wir als Menschen vier von sieben Stufen der Erdenevolution bereits durchgemacht haben; wir fühlen in ihnen unsere entwicklungsgeschichtliche Vergangenheit; das heißt aber: Sie sind für uns *Leib geworden*. Wir leben im physischen Leib durch die Welten-Prim des Saturn-Zustandes; wir leben in einem Lebensleib, weil wir die Sonnen-Zeit durchlaufen haben; wir leben in einem Astralleib, der das bloße Strömen und Leben in Sekunden dem innerlichen Fühlen öffnet, in der Dur- und Moll-Terz, seit wir die Monden-Zeit mit ihren weltgestaltenden Sympathie- und Antipathiekräften durchgemacht haben. Die Quart hat dadurch ihre spezifische Wirkung, dass wir in ihr selbst gegenwärtig leben.[199] Dieser Stufe der Weltentwicklung verdanken wir das «Ich bin»-Bewusstsein. Quint, Sext, Septim und Oktav weisen auf Zukunfts-Zustände des Menschen hin, die zwar als Kräfte im Kosmos anwesend sind, die sich jedoch der Mensch noch nicht in gleicher Weise zu eigen

197 GA 130, S. 102. Vgl. Armin Husemann: *Der hörende Mensch*, S. 55ff., und ders.: *Der musikalische Bau des Menschen*, S. 140-154.

198 Vgl. Arnold Blickle / Ernst Bindel: *Das periodische System der Elemente als Schöpfungsurkunde*, in: *die Drei*, 2/1948, S. 90-107. Wolfgang Schad, Armin Scheffler & Ulrich Wunderlin: *Chemie an Waldorfschulen*, Stuttgart 2004.

199 Vgl. GA 275, Vortrag vom 29. Dezember 1914. Vgl. Walter Blume: *Musikalische Betrachtungen im geisteswissenschaftlichen Sinn*, Dornach ²1985, mit dem als «Nachwort» hinzugefügten Kommentar Rudolf Steiners zu diesem Aufsatz.

gemacht hat. In den sieben Säulen hat Rudolf Steiner diese Weltenkräfte im Mai 1907 nun erstmals physisch sichtbar gemacht. Die Säulen-Bilder wurden im Oktober 1907 mit einem erläuternden Aufsatz veröffentlicht, in dem die Sphärenharmonie als Quelle dieser Formen erwähnt wird.[200] Im gleichen Monat wird aber *das geistige Wesen des Atoms* auf der Mitgliederversammlung der Deutschen Theosophischen Gesellschaft am 21. Oktober 1907 entwickelt.[201]

Während der Mondenentwicklung entstand in der geistigen Welt durch geistige Wesenstätigkeit der Plan der Erdenentwicklung und ihrer Naturgesetzlichkeiten in allen Einzelheiten. Am Ende der Mondenentwicklung war dieser Plan der Erdennatur geistig vollendet. In der Zeit zwischen Monden- und Erdenzeit (Pralaya) «geschieht etwas höchst Eigentümliches. Dieser Plan wird […] zu gleicher Zeit unendlich verkleinert und unendlich vervielfältigt […]. Und wissen Sie, was das ist, was […] damals auf dem Monde ausgearbeitet worden ist? *Das sind die Atome, die Atome der Erde.* […] Das ist das wirkliche Atom, und alles andere Reden über ein Atom ist nichts. Der erst erkennt das Atom eines Planeten, der in ihm *den verkleinerten Plan der Entwickelung des Planeten* erkennt […]. Die Erde ist in gewisser Weise zusammengesetzt aus diesen ihren Atomen und ein jedes Wesen, Sie selbst alle, Sie sind in gewisser Weise zusammengesetzt aus solchen Atomen; und Sie stehen dadurch im Einklang mit der ganzen Erdenentwickelung, dass Sie in unendlicher Zahl den verkleinerten Plan des Erdplaneten in sich tragen, der früher ausgearbeitet worden ist.»[202]

Damit fällt auf die sieben Kapitelle und ihre Umsetzung in die sieben Siegel ein neues Licht. Sie zeigen für die Sinnesanschauung die Metamorphosen und die Willensbewegungen von Wesenheiten, welche die Weltentwicklung tragen, gestalten und ordnen. In jeder der sieben Verkörperungen der Erde vollziehen sich diese sieben Schritte ihrer Stufe gemäß metamorphosiert, was sich darin andeutet, dass jedes Motiv selbst wieder siebenfach erscheint. Wer diese Formen in künstlerischer Verfassung auf

200 Vgl. GA 284, S. 91-96.

201 Vgl. ders.: *Mythen und Sagen. Okkulte Zeichen und Symbole* (GA 101), Dornach ²1992, Vortrag vom 21. Oktober 1907 (nachmittags).

202 A.a.O., S. 133 f.; Hervorhebung A.H.

sich wirken lässt, dessen Seele kommt in reale Beziehung zu den Wesensbewegungen, welche die Entwicklung der Erde aus der Vergangenheit in die Gegenwart geführt haben und die sie mit dem Menschen gemeinsam in die Zukunft führen wollen. Wie dieser Wesensbezug bis ins Physische hinein wirkt, erhellt aus Rudolf Steiners mehrfachen Warnungen, diese Formen nicht an Orten des gewöhnlichen täglichen Lebens anzubringen, sie vielmehr nur in einer ihnen gemäßen Stimmung auf sich wirken zu lassen. Andernfalls könnten Störungen des physischen Leibes bis in die Verdauungsorgane die Folge sein.[203] Richtig angewandt bringen diese Formen den Willen des Erdenmenschen in Einklang mit dem Götterwillen der Schöpfung. Aus dem Erleben der musikalischen Ordnung, die wir auf verschiedene Weise oben dargestellt haben, können wir zum Schluss dieses Buches erfassen, welche geistigen Wesenheiten mit ihrem Willen in der Dynamik der Intervall-Gesten leben. Das Erkenntnisstreben kann sich in der folgenden Zusammenschau dadurch orientieren, dass Rudolf Steiner die Intervalle als Erfahrungsbereiche der Elemente und der Ätherarten für die Toneurythmie 1924 aufgezeigt hat.[204] Man kann so mittels der eurythmisch-musikalischen Erfahrung seine Ausführungen vom 1. Oktober 1911 zu den unterphysischen Kräften von Elektrizität, Magnetismus und der «dritten Kraft» (Kernkraft) beleuchten.[205]
So ergibt sich eine Zusammenschau der Angaben Rudolf Steiners zu den Intervallgesten und zu den unterphysischen Spiegelungen der Ätherarten in der Technik.[206]

*

Durch diese Dimensionen der musikalischen Qualitäten kann man die Tiefe dessen, was Schiller mit seinem Ideal einer «ästhetischen Erziehung» erstrebt hatte, ahnen. Kunst wird so Anregung und Erregung der Selbsterziehung.

203 Vgl. GA 284, S. 78, 86 und 96.

204 Vgl. ders.: *Eurythmie als sichtbarer Gesang* (GA 278), Dornach 1975, Vortrag vom 20. Februar 1924, Notizbucheintrag.

205 Vgl. ders: *Blut ist ein besonderer Saft,* in: *Die Erkenntnis des Übersinnlichen in unserer Zeit* (GA 55), Dornach 1983, S. 35-65.

206 Vgl. GA 278, Beilage mit Notizbucheinträgen S. 9.

«Friede und Harmonie wird sich ergießen in die Herzen durch diese Formen. Gesetzgeber werden solche Bauten sein. Und dasjenige, was nicht erreichen können äußerliche Veranstaltungen, das werden erreichen die Formen dieser unserer Gebäude!»[207] Diese Formen wurden für die Sinne anschaulich gemacht, um die *drei Schritte der moralischen Entwicklung zu impulsieren*, ohne die die Menschheit den Kräften der Kernenergie nicht gewachsen ist. Denn in ihnen *schaut* der Mensch sinnlich-übersinnlich «den verkleinerten Plan des Erdplaneten», die geistigen Wesensbewegungen der Atome, in Bildern der Sinneswelt. Die Hoffnung Rudolf Steiners, dass sich diese Formen *im 21. Jahrhundert überall über die Welt ausbreiten werden*, wird in ihrer Bedeutung immer aktueller.[208] Das Leben der Erde kann nur aus einem kosmischen Bewusstsein seiner Entwicklung heraus verantwortet werden.

Übernatur					**Astralwelt**	**Unteres Devachan**	**Oberes Devachan**
				1. Hierarchie	2. Hierarchie	3. Hierarchie	
Physische Welt	C	d	e	f	g	a	h
	Prim fest	Sekund flüssig	Terz luftförmig	Quart Wärmeäther	Quint Lichtäther	Sext Chemischer Äther	Septim Lebensäthe
Unternatur (unterphysische Spiegelungen der Ätherarten)					Elektrizität	Magnetismus	«furchtbar Vernichtun kräfte» (Kernenerg

207 GA 286, S. 64, Vortrag vom 17. Juni 1914.

208 E.A. Karl Stockmeyer: *Über die Einheit von Tempel und Kultus im Zusammenhang mit der Goetheanum-Bauidee*, in GA 284, S. 168.

Kernenergie und Lebensäther in der Verantwortung des Menschen

Die geisteswissenschaftlichen Wahrheiten haben sich von 1907 an in künstlerische Bilder verwandelt, damit sie unser Gefühl und unseren Willen in Bewegung bringen für die Umsetzung in die soziale Praxis. In diesem Sinne blicken wir in diesem Essay zum letzten Mal auf die Goetheanumformen als auf eine Kraftquelle, durch welche die Menschheit in ihre Verantwortung für das Leben der Erde hineinwachsen kann.

Im Westen – in den Formen von Saturn, Sonne, Mond – fühlt man die Kräfte der Vergangenheit in kantig abgesetzten Bildungen des Architravs. Nach Osten hin werden die Formen flüssig-warm, und in Richtung der kleinen Kuppel in beschleunigter Bewegung fühlbar. In der Mitte, bei der vierten Säule, halten sich beide Prozessgesten das Gleichgewicht. In diesem Formenrhythmus lebt die Wesenstätigkeit der plastischen Gruppe im Osten des Baus: Die rechte Hand des ätherischen Christus gestaltet Vergangenheit im Westen, Ahriman in Dienst nehmend; die linke Hand gestaltet vom Herzen kommend die Zukunft der Erdenentwicklung, Luzifer überwindend.

Diese Wesensgesten des Christus spiegeln sich in der Stoffnatur der Erde. Dass in den chemischen Reaktionen der Stoffe von der vierten Gruppe an immer mehr Wärme frei wird (Oxidation), offenbart sich hier künstlerisch im Architrav von der vierten Säule an ostwärts. Der Kohlenstoff ist zu beiden Gesten in der Lage – zum Aufbau und Gestalten in der Stoffverdichtung (Reduktion) sowie zur oxidativen Auflösung in der Erwärmung. Das organische Leben des Kohlenstoffs erscheint als Substanz gewordene Christuskraft zwischen Luzifer und Ahriman: «Künftig werden Chemiker und Physiker kommen, welche Chemie und Physik nicht so lehren, wie man sie heute lehrt unter dem Einfluss der zurückgebliebenen ägyptisch-chaldäischen Geister, sondern welche lehren werden: Die Materie ist aufgebaut in dem Sinne, wie der *Christus* sie nach und nach angeordnet hat! – Man wird den Christus bis in die Gesetze der Chemie und Physik hineinfinden.»[209]

209 Rudolf Steiner: *Die geistige Führung des Menschen und der Menschheit* (GA 15), Dornach [10]1987, S. 66. Hervorhebung im Original.

Die Wirkung der heute üblichen Atomvorstellungen, deren Überwindung Carl Friedrich von Weizsäcker anmahnte, hält das Denken gefangen. *Fühlen und Wollen sind dem Umgang mit den Wirkungen und Kräften der Stoffe nicht gewachsen.* Denn «ein großer Teil desjenigen, was man heute wissenschaftliche Anschauung nennt – nicht die Tatsachen der Wissenschaft, die sind gut, aber dasjenige, was man wissenschaftliche Anschauung nennt –, das ist nichts anderes als Bilder einer universellen, über die Menschheit als Gefahr hereinbrechenden okkulten Gefangenschaft. Solch eine Gefahr einer hereinbrechenden okkulten Gefangenschaft ist vorhanden in dem Umstelltwerden des Menschen überall mit den atomistischen und molekularistischen Bildern. Solch eine okkulte Gefangenschaft stellt diese Bilder um einen her, man kann nicht hinausschauen in die freien Geistes- und Sternenbilder, weil sich eben das Weltenbild des Atoms wie die seelischen Wände, die geistigen Wände eines Gefängnishauses, in dem man sich dabei geistig befindet, hinstellt.»[210]

Diesem Bild stellen sich die Bauformen des Erdenäthers gegenüber: «Das wird das Eigentümliche sein, dass wir hier Wände bauen wollen, die sich selbst aufheben, selber vernichten durch ihre Formung».[211] Die Formen des Goetheanums führen aus der physischen in die Ätherwelt, die jener zugrunde liegt. Sie sind eine Kunst der Befreiung aus der Gefangenschaft, in die das Bewusstsein durch die gewöhnlichen Atomvorstellungen heute eingeschlossen ist.

Die siebenfache musikalische Dynamik der Chemie ist ein Geschehen in der (Elektronen-)*Hülle* der Atome, in ihrem Wärme-, Licht- und chemischen Äther. In der Verdichtung des *Atomkerns* aber kraftet der Lebensäther. Von ihm hängt die Verkörperung des Lebens in der physisch-mineralischen Materie ab. Wie die große Kuppel die Ätherhülle der Erde imaginativ darlebt, so steht in der kleinen Kuppel die Wesenheit, die am Ur-Karsamstag die Erdenmaterie durchfeuert, durchleuchtet, durchklungen und neu belebt hat. Nur mit Christus vereint kann der Mensch seine Verantwortung für das Leben der Erde und die Kernenergie tragen im Sinne seiner Aufgabe als die zehnte Hierarchie. In zwei Sätzen hat ihr

210 Ders.: *Initiations-Erkenntnis* (GA 227), Dornach [4]2000, S. 297, Vortrag vom 31. August 1923.

211 GA 286, S. 72.

Baumeister den Sinn des Rosenkreuzer-Tempels am Ostersonntag in den Grundstein des Malscher Baus versenkt: «Unter Schmerzen hat unsere Mutter Erde sich verfestigt. Unsere Mission ist es, sie wieder zu vergeistigen, zu erlösen, indem wir sie durch die Kraft unserer Hände umarbeiten zu einem geisterfüllten Kunstwerk.»[212]

212 GA 284, S. 113.

Blick aus der großen in die kleine Kuppel des ersten Goetheanum.
Zeichnung von Scott Pyle (aus Hilde Raske, *Das Farbenwort*)

Anhang

Das Zweighaus Landhausstrasse 70 in Stuttgart und seine Geschichte bis heute

«Frau Weisheit hat ihr Haus gebaut,
ihre Sieben Säulen aufgerichtet.»
Sprüche Salomos 9,1

Mit dem Münchner Kongress der Theosophischen Gesellschaft trat Anthroposophie im Jahre 1907 keimhaft als *Baukunst* in Erscheinung. Er dauerte von Samstag, den 18. Mai, bis Dienstag, den 21. Mai 1907. Das in allen Einzelheiten von Rudolf Steiner gestaltete Programmheft zeigt für jeden Tag eine Siegel-Vignette, beginnend mit dem Saturn-Siegel zum Samstags-Programm.[213] Da der Kongress vier Tage dauerte, beschloss das vierte Siegel das Programm. Das fünfte Siegel kam gegenüber drei Ankündigungen zu stehen, in denen auf Vortragskurse Rudolf Steiners hingewiesen wurde, die sich dem Kongress anschlossen. «Was dem Ganzen zugrunde lag, war die Absicht, die Theosophie einzukristallisieren in den Aufbau der Welt»[214], so berichtete Rudolf Steiner den Berliner Freunden von dem Kongress. Zum ersten Mal verwirklicht wurde der Impuls von München, nach der Grundsteinlegung des Modellbaus in Malsch, dann vier Jahre später durch den Bauverein der Stuttgarter Zweige in der Landhausstraße 70. Der Schweizer Apotheker Ernst Heim stellte 50.000 Mark zur Verfügung, und der «Bauverein des Verbandes der Stuttgarter Zweige»[215] war der Bauherr. Carl Schmid-Curtius gestaltete das Haus so, wie es in seiner Außenform heute noch dasteht. Rudolf Steiners Angaben bezogen sich vor allem auf die innere Gestaltung. In dem blauen Versammlungsraum der Zweige leuchteten in goldenen Linien die sieben Planetensiegel von der

213 Vgl. GA 284, S. 193ff.

214 A.a.O., S. 72.

215 In Stuttgart gab es damals drei Zweige, vgl. Hartwig Schiller: *Aller Anfang, Gründergestalten der anthroposophischen Arbeit in Stuttgart*, Stuttgart 2020.

Balustrade der Empore. 1911, als der Versammlungsraum des Stuttgarter Zweighauses ausgestaltet werden sollte, gab es noch kein Jupiter- und noch kein Venus-Siegel. Beide wurden von Rudolf Steiner für diesen Zweigraum erstmals gezeichnet.[216] Der Raum im Keller, in dem das Malscher Modell verwirklicht wurde, blieb den Veranstaltungen der Esoterischen Schule vorbehalten, die bis 1914 bestand.[217]

Die Siegel-Zeichnungen der planetarischen Entwicklung der Erde geben als Ornamente in der Fläche die Formen wieder, die plastisch an den in München gemalten, später geschnitzten Kapitellen der sieben Säulen zu sehen waren. Dabei wird – in freier Umgestaltung – das obere Motiv des Kapitells zum äußeren Motiv des Siegels und das untere zum inneren.

Der neue Impuls, der durch den Goetheanum-Baugedanken der Architektur gegeben wurde, war *die Entwicklung der Formen in der Zeit*, die Metamorphose im Sinne Goethes. Wenn daher von «Planeten-Siegeln» oder auch «Planeten-Säulen» gesprochen wird, so ist zu unterscheiden, ob damit die *planetarischen Zustände* in der Weltentwicklung oder die heutigen *Planeten am Himmel* gemeint sind. Rudolf Steiner selbst lässt keinen Zweifel daran, dass der Organismus dieser sieben Formen ein *Zeit-Organismus* ist:

«Diese Säulen tragen den Himmel, das ist: die ganze Entwickelung. Die Kapitälmotive haben in allen ihren einzelnen Zügen ihre ganz bestimmte Bedeutung. Wenn Sie plastisch empfinden, wie sich das Obere zum Unteren neigt, so werden Gefühle in Ihnen ausgelöst, die von den Strömungen Bescheid geben in den betreffenden Zuständen dieser Weltenkörper. Die Motive der ersten Säule haben einfache Neigungen und Krümmungen. Durch ihre Betrachtung wird ein Empfinden hervorgerufen derjenigen Strömungen, welche die Erde durchzogen, als sie in ihrem ersten Zustand, den man Saturnzustand nennt, verkörpert war. *Daher ist das die Saturnsäule.* Wenn Sie den Fortgang in der Gliederung der Motive empfinden bei der Betrachtung der zweiten Säule – das Untere gliedert sich wie der Fruchtknoten einer Pflanze, und von oben herab gliedert es sich so herunter, dass es zum Kelch werden kann –, so lösen sich in Ihnen Gefühle aus, die den Strömungen entsprechen,

216 Vgl. GA 284, S. 139 und 190.

217 Vgl. a.a.O., S. 139.

welche den Erdkörper durchzogen, als er sich im Sonnenzustand befand. Darum sprechen wir hier von der Sonnensäule. Und so ist es bei der Betrachtung der dritten, vierten und weiteren Säulen. Wenn man von einer zur anderen übergeht, entwickeln sich immer wieder andere Gefühlsströmungen».[218]

Daraus ergibt sich, dass eine Anordnung so, wie die entsprechenden Planeten heute *räumlich* im Kosmos verteilt sind, dem Sinn der Siegel zuwiderlaufen würde. Die Qualitäten der heutigen Planeten manifestierten sich allerdings später physisch in den Holzarten der Säulen des ersten Goetheanum-Baues und in den Metallen der Siegel. Der Aspekt der Weltevolution geht also ein in die Entwicklungsreihe der *Formen*, der Aspekt der gegenwärtigen Planeten im Kosmos geht ein in die *Substanzen*, in denen diese gearbeitet werden. Letztere sind aber für die *Siegel* als Ornamente sekundär; im Zweighaus waren es goldene Linien auf blauem Grund, für alle sieben Siegel dieselben. Rudolf Steiner war bestrebt, Verständnis für die *Anordnung* der Siegel zu erringen. Als Baumeister gab er selbstverständlich den Säulen ihren Platz. Bei den beweglichen Siegeln wird der Verstand leicht zu anderen «Kombinationen» verführt.

«Und nehmen wir an, wir richten das physische Auge auf irgendeine dieser Figuren: da ist es nicht bloß das physische Auge, sondern es ist die ganze Organisation, vor allem sind es auch die Strömungen des Ätherleibes, die in einer ganz bestimmten Weise in Bewegung kommen, angeregt durch den Verlauf der Linien und durch die Formen dieser Figuren, so dass der Ätherleib andere Bewegungen in sich hat, je nachdem man die eine oder andere dieser Figuren ansieht. Das bedeutet, dass innerhalb der Welt der ätherischen Substanz, die uns umgibt, mit all den Wesenheiten, die darin zunächst verkörpert sind, die Formen, die wir hier nachzeichnen, wirklich vorhanden sind. Es gibt Wesenheiten, die diese Formen wirklich haben in der ätherischen Welt; und indem wir eine dieser Figuren anschauen, richtet sich unser Ätherleib so ein, dass er in seinen eigenen Bewegungen Formen nach den Linien selbst bildet, das heißt eine Gedankenform erzeugt, die nun von ihm ausgeht; und je nach der Gedankenform wird unser ätherischer Leib imstande sein, mit der einen oder anderen Art von Wesenheiten sich in eine reale Verbindung zu setzen. Diese Figuren sind die

218 A.a.O., S. 70, Vortrag vom 21. Mai 1907. Hervorhebung A.H.

Mittler, indem wir veranlasst werden, in uns selbst die Gedankenformen, das heißt die Bewegungsformen in unserem Ätherleibe zu bilden. Nun sind diese Figuren so gewählt, dass sie in einer rhythmischen *Aufeinanderfolge* etwas Ganzes ergeben, dasjenige nämlich, was *einer gewissen Entwickelungsströmung* in der ätherischen Außenwelt entspricht, und zwar einer solchen, die unserem ätherischen Leib durch eine ganz bestimmte Tatsache günstig ist. Unser ätherischer Leib hat in sich selbst die Tendenz, sich zu verändern; er wird in gewisser Weise anders, wenn er vollkommener wird. Die Aufeinanderfolge der Formierungen, die dem Vollkommenerwerden unseres Ätherleibes entsprechen, wird in der Aufeinanderfolge dieser Figuren sich vollziehen. Wenn wir den okkulten Tatsachen entsprechend solche symbolischen Figuren anbringen und tiefer den Blick schweifen lassen können, so ist uns das eine Hilfe für das, was wir wollen, und wenn wir durch *richtige* Aufeinanderfolge die entsprechenden Gedankenformen erzeugen, dann kommen wir dem zu Hilfe, was uns das Verständnis eröffnen soll, das innerliche, für jenen Rhythmus, der vorhanden ist, wenn wir von den sieben Gliedern des Menschen sprechen. Wir haben diese Figuren nicht zum bloßen Zierrat angebracht, sondern weil sie innig verknüpft sind mit dem, was wir hier treiben wollen.»[219]

Der Grundstein und die Einweihung

Rudolf Steiner legte für das Stuttgarter Zweighaus den *Grundstein* in der Zeit der heiligen Nächte 1910/11, am 3. Januar 1911. Am 15. Oktober 1911 vollzog er auch die *Einweihung* dieses Hauses. Die Weiherede ist überliefert, wir geben hier das Kernstück wieder:

«In veränderter Weise darf wiederholt werden, was bei der Grundsteinlegung gesagt wurde: ‹Wir haben dem Geiste, dem wir dienen, einen Tempel gebaut.› Wie anders können wir uns diesem Geiste verbunden fühlen innerhalb eines solchen Baues! Und wir verstehen dann die Sehnsucht nach Abbildern des schönen, herrlichen Vorbildes, das uns hier gegeben worden ist. Vielleicht mehr als alle Worte, die sonst gesprochen werden können, kann dieser Raum selber sprechen zu denjenigen, die in der Lage

219 A.a.O., S. 150f., Vortrag vom 15. Oktober 1911 (abends). Hervorhebung A.H.

sind, Nachbilder zu schaffen; in deutlich vernehmbarer Weise spricht er von der Notwendigkeit, umgeben zu sein von dem, was unseres Geistes Tempel ist. Und wenn in München gesprochen worden ist von einem anderen, ähnlichen, nur in größerem Maßstabe auszuführenden Bau, so betrachten Sie als eine schöne Verschärfung all dieser Worte, die nur mit dem Munde gesprochen werden können, das, was dieser Raum zu Ihnen zu sprechen vermag. Betont er nicht, wenn wir ihn verständnisvoll betreten, in ihm weilen, ihn verlassen zu immer neuer Einkehr in ihn, betont er nicht deutlich die Notwendigkeit solcher Bauten auch an anderen Orten?»[220]

Lassen wir nun den Kern der Weiherede Rudolf Steiners auf uns wirken: die von ihm für diesen Anlass neu übertragenen *Weihe-Worte des Salomonischen Tempels* (1. Könige 8,12-53 und 2. Chronik 6):

«Du Geist des Weltenalls, der Du Dich verkündigt hast unserer wahren Selbsterkenntnis, Du hast gnädig das Wort gehalten, welches Du uns gegeben hast, da Du sahest unsere Arbeit, wie sie geleistet wurde seit Jahren von Deinen Dienern; und offenbar wird es heute in dieser Stunde. Zwar vermögen die weitesten Geistesräume Dich nicht zu fassen, großer Geist des Weltenalls, der Du mit Deinen Gedanken alle Deine Werke durchdringst, der Du wohnen willst in den Worten, die von unseren Lippen ertönen dürfen; wie viel weniger können Dich fassen diese Tempelmauern, die wir Dir erbaut haben. Siehe aber, Geist des Weltenalls, der Du Dich ankündigst in unserer wirklichen Selbsterkenntnis, auf den Willen zum Verstehen, auf die Sehnsucht nach Erkenntnis Deiner Diener! Siehe, Geist des Weltenalls, Durchdringer eines jeglichen Ichs, auf uns herab, und lass Deine Augen offen sein über diesem Bau, wo Du beschlossen hast zu wohnen! Erhöre unsere Gefühle, die danach drängen, durch unsere Arbeit des Einfließens Deines Geistes in die Räume, die wir Dir gewidmet haben, uns würdig zu zeigen!»

Rudolf Steiner fährt fort: «Ich musste zu den Worten des Alten Testamentes, zu den Salomonischen Worten greifen, um das auszudrücken, was wir selber aus dem Geiste der mit der Welt fortgeschrittenen Menschenentwickelung heraus wie ein Gebet zu richten haben an den Geist des Weltenalls, der in allen Herzen wohnt, die nach wahrer Selbsterkenntnis streben.»[221]

220 GA 284, S. 145.

221 A.a.O., S. 146.

Die Einweihung steht also in der Fortsetzung und Erneuerung desjenigen esoterischen Stromes, der die Tempelbauten der Menschheit errichtet. Der Monat Oktober im Jahreslauf ist tatsächlich derselbe, zu dem auch die Einweihung des Salomonischen Tempels stattfand.[222] Der Ur-Tempel, der im Zentrum der Menschheitsentwicklung steht, ist der Leib des Jesus, der zur Wohnung des Christus bestimmt war. Das jüdische Volk war auserwählt, diesen Leib bereitzustellen. Der Weiheakt im Oktober 1911 vollzog sich nun in einer Menschengemeinschaft, die wesentlich von drei Angehörigen des jüdischen Volkes getragen wurde: José del Monte,[223] Adolf Arenson und Carl Unger. Carl Unger, am 28. März 1878 in Bad Cannstatt bei Stuttgart geboren, hörte seinen ersten Vortrag von Rudolf Steiner im Jahr 1904 in Berlin über den Passus «Gelitten unter Pontius Pilatus» aus dem Credo. «Dieser Vortrag gab mir auf einen Schlag die unmittelbare Überzeugung, dass hier ein Mann stand, dessen Werk ich mein Leben zu weihen habe.»[224] Wie schon Adolf Arenson, der Schwiegervater Carl Ungers, stieß auch Unger selbst in der Stuttgarter Loge der Theosophischen Gesellschaft auf Widerstand mit dem Impuls, die Arbeit auf Rudolf Steiners Forschungen auszurichten. So traten Unger und Arenson aus dem bestehenden Zweig aus und gründeten am 23. September 1905 einen neuen Zweig, dessen Arbeitsziel sein sollte, «denk-erlebend einzudringen in das Wesen des Menschen und der Welt, um dadurch der Geistes*wissenschaft* Rudolf Steiners [...] ein geeignetes Instrument entgegenzubringen.»[225] Unger wurde von Rudolf Steiner aufgefordert, auf dem Münchener Kongress 1907 einen Vortrag zu halten. Er sprach am dritten Tag über «Die Wege der theosophischen Weltanschauung». Der Einsatz von Carl Unger, Adolf Arenson und José del Monte für das Werk Rudolf Steiners in Stuttgart fand seine Krönung darin, dass hier im Oktober 1911 die alte Mission des Judentums, der Tempel-Bau, durch Rudolf Steiner im Licht des auferstandenen Chris-

222 Laut 1. Könige 8,2 im Monat Ethanim, d.h. September/Oktober, ca. 970 v. Chr.

223 Vgl. Hartwig Schiller: *Aller Anfang. Gründergestalten der anthroposophischen Arbeit in Stuttgart*, S. 62.

224 Auguste Unger u.a. (Hrsg.): *Carl Unger. Aus der Sprache der Bewusstseinsseele,* Stuttgart ^{4}1971, S. 347.

225 A.a.O., S. 348f. Hervorhebung im Original.

tus erneuert wurde und so in den Lebensstrom der Anthroposophie überging.

Das gesamte aufblühende Stuttgarter anthroposophische Leben pulsierte durch dieses Haus. Nicht nur alle Vorträge Rudolf Steiners für Mitglieder, sondern auch z.B. die *Allgemeine Menschenkunde* und die zugehörigen Kurse zur Begründung der Waldorfschule fanden hier statt. In derem Schulhaus wurde zu jener Zeit gebaut, so dass diese Kurse nicht in der Schule selbst stattfanden.[226] Im «roten Zimmer» fand neben vielen anderen Besprechungen auch das entscheidende Gespräch statt, das schließlich zur Begründung der Christengemeinschaft führte. Auch der erste Theologiekurs für die Priester der Christengemeinschaft wurde hier abgehalten. Rudolf Steiner hatte im zweiten Stock dieses Hauses seine Wohnung, in der er von 1921 bis 1924, wenn er in Stuttgart war, lebte.[227]

Die Entwicklung der Gesellschaft und ihre Differenzierung in verschieden Gruppierungen führte dazu, dass sich der zahlenmäßig größere Teil der Anthroposophen bald nicht mehr in der Landhausstraße versammelte. Das Haus wurde nur noch von der Gruppe um Carl Unger genutzt. Nach dem Verbot der Anthroposophischen Gesellschaft im Jahre 1935 wurde es amtlich versiegelt und zwei Jahre lang nicht benutzt.[228]

1937 wurde das Haus unter dem Druck des nationalsozialistischen Regimes verkauft. Neuer Hausherr wurde die Landesbildstelle Württemberg. Es lohnt sich, auch einen Blick in deren Geschichte zu werfen.

«Die Anfänge unserer Landes- und Kreisbildstellen reichen bis ins Jahr 1919 zurück. Damals ging durch die deutschen Schulen eine starke pädagogische Bewegung, welche die planmäßige Einführung des Lichtbilds und Films in die Schularbeit zum Ziele hatte. [...] Am 15. Juli 1919 behandelte der *Gesamtlehrerrat der Stuttgarter Schulen* nach einem eingehenden Referat die Frage ‹Lichtbild und Schule› [...] Im Rahmen einer pädagogischen Woche des Vereins für Lehrerfortbildung wurde einem Kreis von 1.700 Lehrern in Stuttgart erstmals Gelegenheit gegeben,

226 So von Rudolf Treichler sen. und Herbert Hahn an Benedikt Picht überliefert, dem ich die Mitteilung verdanke.

227 Persönliche Mitteilung von Hella Wiesberger.

228 Persönliche Mitteilung von Benedikt Picht.

Der intakte Säulenraum (nach dem Modellbau von Malsch)

zum Lehrfilm Stellung zu nehmen. Die gezeigten Filme fanden weithin Beifall. Die Veranstaltung wurde für die bald darauf anlaufenden Vorführungen vor den Schülern bahnbrechend.»[229]

Zur gleichen Zeit und am gleichen Ort wurde eine andere «Bildhaftigkeit» für die Pädagogik in Stuttgart «bahnbrechend»: Die Waldorfschule wurde gegründet. Die später im Zweighaus Landhausstraße 70 ansässige Institution erweist sich als Träger der Gegenbilder im genauen Sinn des Wortes: Der Film liefert in der Didaktik die Bewegung der Bilder von außen. Dadurch lähmt der Film die innere Bewegung der bildgestaltenden Phantasie. Goetheanistische Bildgestaltungen befreien die innere Beweglichkeit der Lebenskräfte für die schöpferische Phantasie.

229 Eugen Ziegele: *Die Landesbildstelle Baden-Württemberg*, in: *Film – Bild – Ton, Zeitschrift für audio-visuelle Mittel in der Pädagogik,* Nr. 11, Jg. 1952, S. 13ff.

Die Zerstörung des Säulenraums

Hören wir weiter und vergleichen die Daten, die als Entwicklungsetappen der Landesbildstelle genannt werden, mit den Wendepunkten der Anthroposophischen Bewegung. 1920 war eine städtische Lichtbildstelle in Stuttgart entstanden: «Angesichts der zu erwartenden Zersplitterung wurden im Jahr 1922 Verhandlungen über die Gründung einer gemeinsamen Bildstelle für das ganze Land geführt. Dabei setzte sich die Einsicht durch, dass nur Einigkeit stark mache. Als Zusammenfassung aller Bestrebungen trat am *1. Januar 1923* die Württembergische Landesbildstelle ins Leben. Lediglich die städtische Lichtbildstelle behielt ihre Selbständigkeit. [...] Die Zusammenarbeit mit dieser fand am *1. April 1925* ihre äußere Anerkennung dadurch, dass [...] auch die Stadt Stuttgart als Gesellschafter in die Württembergische Landesbildstelle eintrat.»[230]

230 Ebd. Hervorhebung A.H.

Die sieben Planetensiegel an der Balustrade der Empore

Einen Tag nach dem Brand des ersten Goetheanums wird die Landesbildstelle Württemberg gegründet. Zwei Tage nach Rudolf Steiners Tod verzeichnet ihre Geschichte den letzten Schritt ihrer inneren Konsolidierung. Es wirkt eigenartig, wie die Schicksals-Daten des Goetheanum in der Entwicklung jener Einrichtung wiederkehren, die den Impuls hat, technisch erzeugte Bilder in die Pädagogik einzuführen und die schließlich ihre Gegenbilder in dem von Rudolf Steiner geweihten Zweighaus entwickelt. Der Säulen-Raum des erneuerten Salomonischen Tempels wurde zum Film-Entwicklungs-Labor.

Der Verkauf des Hauses erfolgte am 23. Oktober 1937 für 75.000 Reichsmark.[231] Es wurde noch im gleichen Jahr im Inneren seinem neuen Zweck entsprechend umgebaut. Die Kellergewölbe, deren Säulen Carlo Septimus

231 Kaufvertrag vom 23. Oktober 1937, Grundbuchakte Nr. 13764 im Grundbuchamt Stuttgart.

Das Bild Hitlers an der Rückfront. Die Bestuhlung stilgerecht umgestaltet

Picht und Friedrich Husemann nach Wiesneck gerettet hatten,[232] fielen der Spitzhacke zum Opfer. Aus der Empore des Saales wurde der Film-Vorführraum. Wo die Siegel von den anthroposophischen Freunden beim Auszug hängengelassen worden waren, wurde eine Mauer mit quadratischen Löchern hochgezogen, durch die der Projektor *seine* Bilder auf die Leinwand vor den Bühnenvorhang warf.

Im Krieg fiel lediglich das Dachgeschoss einer Brandbombe zum Opfer. Es wurde nach dem Krieg wieder im ursprünglichen Zustand aufgebaut. Im Jahre 1945, ca. 33½ Jahre nach der Einweihung durch Rudolf Steiner, wurde der Anthroposophischen Gesellschaft ihr Haus zur Rückgabe angeboten. Die verantwortlichen Anthroposophen jener Zeit aber lehnten ab. Ein damals führendes Mitglied erinnert sich, man habe das Haus «viel zu

232 Robert Friedenthal: *Carlo Septimus Picht,* Basel 1971, S. 12.

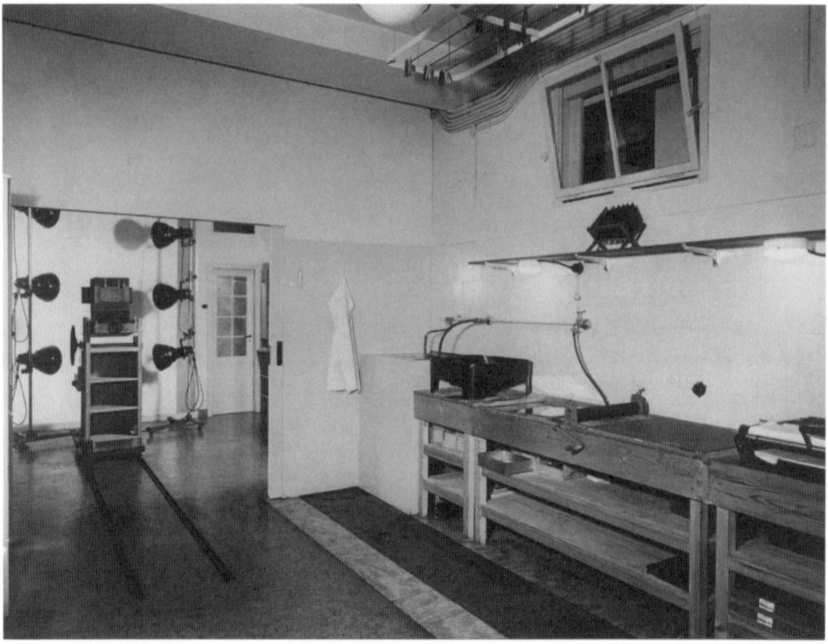

Film-Entwicklungs-Labor im Bereich des vormaligen Säulen-Raumes

klein gefunden»[233] und habe lieber neu bauen wollen – ein Vorgang, der im Hinblick auf die Grundsteinlegung und die beschriebene Einweihung des Hauses durch Rudolf Steiner, im Hinblick auf die Opfer der Freunde, die den Bau ermöglicht haben, und bei aller Wertschätzung der damaligen Initiativträger für den Bau des heutigen Rudolf Steiner Hauses in Stuttgart, etwas Beschämendes hat.

In den Annalen der Landesbildstelle liest sich der Vorgang folgendermaßen: «Wir danken diesen Aufbau [der Landesbildstelle nach dem Kriege] dem Land Württemberg und der Stadt Stuttgart, die [...] die Mittel

233 Brief von Fritz Götte an den Verfasser vom 23. August 1985. Vgl. Fritz Götte: *Von der Grundsteinlegung 1913 zur Grundsteinlegung 1923 – Teil I: Bis zum 20. September 1913*, in: *Mitteilungen aus der Anthroposophischen Arbeit in Deutschland* Nr. 25, Michaeli 1953; wieder abgedruckt unter dem Titel: *Aus der Baugeschichte des neuen Mysterienraumes*, in: *Stil*, Epiphanias 1986/87, 8. Jg. Heft 4.

aufbrachten, um den durch die Wiedergutmachungsgesetze gefährdeten Besitz der Landesbildstelle Württemberg zu erhalten.»[234]

So blieb das Haus im Besitz der Landesbildstelle (einer Anstalt öffentlichen Rechts) bis zum Jahr 1979. Dann ging das Haus in den Besitz des Landes Baden-Württemberg über. Der Besitzerwechsel vollzog sich diesmal mehr intern von Amt zu Amt, da die Landesbildstelle, finanziell gesehen, eine quasi-staatliche Behörde geworden war.[235] Damals wussten jedoch mehrere Stuttgarter Anthroposophen von der Veräußerung, und ein Rückkauf wäre möglich gewesen. Seit der ersten Ablehnung des Hauses im Jahr 1945 waren wiederum rund 33 Jahre verstrichen bis zu dieser erneut gebotenen Chance, den Bau dem Geist wieder zurückzugeben, in dem er errichtet und eingeweiht worden war. Es ist, als ob die Weihesubstanz, die Rudolf Steiner mit diesem Bau in die Erde senkte, sich in dem Zeitrhythmus ausspräche, in dem er vom Schicksalsgang der Anthroposophischen Gesellschaft zur Verfügung gestellt wird: 1911 – 1945 – 1979.

Das Land Baden-Württemberg hat das Haus dann wieder innerlich umgebaut (Schallisolierungen im Keller) und es der Musikhochschule für den Unterricht in Schlagzeug und Schauspiel übergeben.

Im Jahr 2018 ging das Haus an einen Bauträger über, der es in renovierte Eigentumswohnungen aufteilte, die verkauft wurden. Die am schwierigsten zu verkaufende Wohnung war das Saal-Geschoss. Die Eurythmistin Janet Carrara Maintier, Mitglied des Carl-Unger-Zweigs in Stuttgart, ergriff die Initiative, einen Verein zu gründen und Geldmittel einzuwerben, wodurch dieses Geschoss erworben werden konnte. Als Leiterin der «Rudolf Steiner Galerie e.V.» veranstalten sie und ihr Verein dort anthroposophische Vorträge, Konzerte und Ausstellungen.

Die Säulen des Goetheanum waren die Urbilder der Siegel. Was im Zentrum der Gesellschaft der Organismus der großen Kuppel war, das sollte in der Peripherie der Zweige seine *Abbilder* haben in den sieben Siegeln. Was dem Bau durch den Brand wurde, das widerfuhr dem Stuttgarter Zweigbau in der dargestellten Weise. Das Goetheanum wurde durch Gegner zer-

234 Eugen Ziegele: *Eine Landesbildstelle wird wieder aufgebaut. Zur Hausfeier der Landesbildstelle am 2. Februar 1952*, in: *Film – Bild – Ton,* Nr. 11, Feb. 1952, S. 3ff.

235 Persönliche Mitteilung eines Mitarbeiters der Landesbildstelle.

stört. Die Rücknahme des Zweighauses wurde von Anthroposophen selbst abgelehnt. «Möge dieser Bau stets dem Geiste gewidmet sein, in dem er erbaut wurde!»[236] hatte Carl Schmidt-Curtius bei der Einweihung des Zweighauses gesagt.

Aus dieser Erinnerungsbildung mag ein Organ für die Wahrnehmung geweckt werden, dass es eine von Rudolf Steiner gegebene Zweigraumgestaltung gibt. Dass der erste Goetheanum-Bau nicht in gleicher Weise wieder aufgebaut werden konnte, heißt nicht, dass *die Siegel-Formen* ihre Bedeutung verloren hätten. In jedem Zweigraum könnte aus den Formen der sieben Siegel der Weltenäther sprechen. Den individuellen schöpferischen Kräften der Zweigmitglieder oder der mit ihnen zusammenarbeitenden Künstler bliebe Raum genug. Aber es würde jener Gesinnung bedürfen, die Rudolf Steiner bei Edith Maryon fand:

«Und es brachte Miss Maryon zwei Eigenschaften mit, die, ich möchte sagen diejenigen sind, die beim wirklichen Arbeiten in der anthroposophischen Bewegung vor allen Dingen notwendig sind, zwei Eigenschaften, auf denen eigentlich der Grundstock des Wirkens von Miss Maryon hier am Goetheanum und überhaupt in der Anthroposophischen Gesellschaft beruhte. Das war erstens eine ganz *in sich abgeschlossene Zuverlässigkeit.* Es gab keine Möglichkeit, dass irgendetwas, was von mir beabsichtigt war, was Miss Maryon hätte ausführen sollen, dass das nicht ausgeführt worden wäre, dass das nicht in vollstem Sinne ernst genommen worden wäre und bis zu dem Punkte gebracht worden wäre, bis zu dem es zu bringen war, der in der Angabe lag. Das ist die eine Eigenschaft, die man braucht – ich meine innerhalb der anthroposophischen Arbeit –, dass wenn von mir selber etwas angegeben wird, dass es dann bei der Angabe gewissermaßen genügt, dass einfach das Faktum der Angabe dastehen kann und dass dann die Sicherheit vorliegt, dass die Sache ausgeführt wird. [...] Und es muss nun einmal auch mit diesem Karma gerechnet werden, dass gerade diese besondere Qualität Miss Maryons fehlen wird bei der Erbauung des zweiten Goetheanums.»[237]

236 GA 284, S. 141.

237 Rudolf Steiner: *Unsere Toten* (GA 261), Dornach ^{2}1984, Gedenkworte vom 3. Mai 1924, S. 301f. u. 304. Hervorhebung A.H.

Nachweis früherer Veröffentlichungen

Die folgenden Beiträge sind Vorformen der in dieser Auflage inhaltlich und stilistisch weiterentwickelten Aufsätze.

Essay 1: *Rudolf Steiner als Künstler*, in: *Anthroposophie* Ostern 2008, Nr. 243, S. 37-46; sowie erweiterte Niederschrift eines Vortrags, gehalten am 16. Mai 2007 in Stuttgart und am 27. Mai 2007 in München.

Essay 2: *Stilformen des Lebendigen*, in: *Das Goetheanum* Nr. 17/1978, S. 132-134.

Essay 3: *Goethes Leben und das Goetheanum*, in: *Das Goetheanum* Nr. 26/1982, S. 204.

Essay 4: *Das Wort des Menschen und sein Bau*, in: *Das Goetheanum* Nr. 29/1981, S. 227f.

Essay 5: *Wie Luzifer sich verwandelt – bei Goethe und Steiner*, in: *Das Goetheanum* Nr. 42/2018, S. 6-13.

Essay 6 und 8: *Marie Steiner, Ita Wegman und die Goetheanumbauten Rudolf Steiners*, umgearbeitete Niederschrift eines Vortrags, der am 28. September 1992 während der Michaeli-Tagung am Goetheanum gehalten wurde. Veröffentlicht in: *Was in der Anthroposophischen Gesellschaft vorgeht. Nachrichten für deren Mitglieder* Nr. 4/1997, S. 25-28 (I. Teil) sowie Nr. 5/1997, S. 37-39 (II. Teil).

Essay 7, 9, 10 und 11: Erstveröffentlichungen.

Essay 12: *Die Verantwortung des Menschen für das Leben der Erde und die Formensprache des Goetheanum*, in: *Stil*, Sonderheft März 2013, S. 20-26. Dieser Text erschien, als Ausarbeitung eines Vortrages vom 8. April 2011 am Goetheanum, unter dem Titel *Fukushima und die geistige Wirklichkeit der Kernenergie* in: *Der Merkurstab* 2/2012, S. 117-123. Den neuen Titel hat der Autor gegeben. Er dankt Johannes Kühl und Ruprecht Fried, die ihm wertvolle Hinweise für die schriftliche Fassung gegeben haben.

Anhang: *Rudolf Steiners Zweigraum-Gestaltung und ihr bisheriges Schicksal*, in: *Mitteilungen aus der Anthroposophischen Arbeit in Deutschland* Johanni 1987, S. 105-116. Vgl. auch Hartwig Schiller: *Der Neuanfang. Anthroposophische Arbeit in Deutschland und Stuttgart nach Verbot, Enteignung und Weltkrieg*, Stuttgart 2022.

Bildnachweis

S. 42, 46, 57, 87-90, 112 links, 116: Aus Carl Kemper: Der Bau. Studien zur Architketur und Plastik des ersten Goetheanum, Stuttgart ^{3}1984. – S. 60: Aus Gerard Wagner: Die Goetheanum-Kuppelmotive von Rudolf Steiner, hrsg. von Peter Stebbing, Stuttgart 2013. – S. 68/69: Wikipedia, gemeinfrei. – S. 112 rechts: Aus Rudolf Steiner: Die Weihnachtstagung zur Begründung der Allgemeinen Anthroposophischen Gesellschaft 1923/24, Dornach ^{5}1994. – S. 61, 69, 106, 107, 141: Aus Hilde Raske: Das Farbenwort. Rudolf Steiners Malerei und Fensterkunst im ersten Goetheanum, Stuttgart 1983. – S. 72, 80, 81: Aus Rudolf Steiner: Bilder okkulter Siegel und Säulen (GA 284), Dornach ^{3}1992. – Die Abbildungen auf Seite 152-156 sind Eigentum der Landesbildstelle Baden-Württemberg. Der Abdruck erfolgt mit deren freundlicher Genehmigung.

Über den Autor

Armin J. Husemann, geboren 1950, ist Arzt für Allgemeinmedizin, seit 1987 in eigener Praxis in Stuttgart. Von 1988 bis 1993 arbeitete er außerdem als Schularzt, seit 1993 ist er Leiter und Dozent der Eugen-Kolisko-Akademie in Filderstadt. Er hat mehrere Bücher verfasst und hält Vorträge und Seminare über Anthroposophische Medizin und Menschenkunde im In- und Ausland.